DUDEN-
Schülerhilfen

Gleichungen mit zwei Unbekannten

DUDEN-Schülerhilfen

DEUTSCH

Aufsatz 1
(2. und 3. Schuljahr)

Lesespiele
(ab 3. Schuljahr)

Schreibspiele
(ab 3. Schuljahr)

Rechtschreibung 1
(2. und 3. Schuljahr)

Rechtschreibung 2
(3. und 4. Schuljahr)

Rechtschreibung 3
(4. und 5. Schuljahr)

MATHEMATIK

Größen und Maße
(ab 5. Schuljahr)

Rechenspiele
(ab 5. Schuljahr)

Gleichungen und Ungleichungen 1
(5. und 6. Schuljahr)

Gleichungen und Ungleichungen 2
(7. und 8. Schuljahr)

Dezimalbrüche
(6. Schuljahr)

Brüche
(6. und 7. Schuljahr)

Dreisatz und Prozente
(6. bis 8. Schuljahr)

Bruchgleichungen und Bruchungleichungen
(8. Schuljahr)

Gleichungen mit zwei Unbekannten
(8. und 9. Schuljahr)

Textgleichungen 1
(8. Schuljahr)

Textgleichungen 2
(9. Schuljahr)

Quadratische Gleichungen und Ungleichungen
(9. Schuljahr)

Weitere Bände sind in Vorbereitung.

DUDEN-Schülerhilfen

Gleichungen mit zwei Unbekannten

(8. und 9. Schuljahr)

von Hans Borucki

mit Illustrationen von Hans Ibelshäuser
und graphischen Darstellungen
von Dieter Kneifel

DUDENVERLAG
Mannheim/Wien/Zürich

CIP-Titelaufnahme der Deutschen Bibliothek
Duden-Schülerhilfen
Mannheim; Wien; Zürich: Dudenverl.
Früher mit d. Verl.-Angabe Bibliograph. Inst.,
Mannheim, Wien, Zürich
Mathematik / Gleichungen mit zwei Unbekannten:
8. u. 9. Schuljahr / von Hans Borucki. - 1988
ISBN 3-411-02622-7
NE: Borucki, Hans [Mitverf.]

Druck und Bindung: westermann druck, Braunschweig
Printed in Germany
ISBN 3-411-02622-7

Liebe Schülerinnen, liebe Schüler, –

kaum habt Ihr die letzten Schwierigkeiten beim Lösen von Gleichungen mit ***einer*** *Unbekannten überwunden, da tauchen an der Tafel bereits Gleichungen mit* ***zwei*** *Unbekannten auf, und das in der Regel auch noch kurz vor Schuljahresende. Der Schreck ist groß, die Zeit ist knapp.*
Der Lehrer hastet durch den Stoff.
Nicht jeder ist diesem Wahnsinnstempo gewachsen.
Die großen Ferien, bis zu deren Beginn man sich mehr schlecht als recht durchgemogelt hat, bringen zunächst einmal etwas Luft. Aber zu Beginn des neuen Schuljahres droht die Stunde der Wahrheit. Und da erhebt sich die Frage, ob man nicht doch einige Stunden der kostbaren Ferien opfern sollte, um sich im Lösen von Gleichungen mit zwei Unbekannten fit zu machen.
Genau auf diese Situation ist der vorliegende Band der Duden-Schülerhilfen zugeschnitten. Ausgangspunkt ist die Bestimmung des Schnittpunktes zweier Geraden. Die zeichnerische Lösung dieses Problems leitet über zu den rechnerischen Lösungsverfahren für lineare Gleichungssysteme mit zwei Unbekannten. Gleichsetzungs-, Einsetzungs-, Additions- und Determinantenverfahren werden mit großer Ausführlichkeit sehr anschaulich dargestellt und an Hand zahlreicher vollständig durchgerechneter Beispiele erläutert. Umfangreiche Aufgabenblocks bieten reichlich Gelegenheit, sich mit dem dargebotenen Stoff vertraut zu machen und das Gelernte intensiv einzuüben. Der Test am Ende eines jeden Kapitels ermöglicht die Überprüfung des Lernerfolgs. Die Lösungen der Übungsaufgaben und der Tests findet Ihr auf den Seiten 91–96. Ich hoffe, daß Ihr diese Seiten immer erst dann aufschlagt, wenn Ihr die betreffende Aufgabe vollständig durchgerechnet habt. Und ich wünsche Euch, daß Euere Lösungen stets, oder zumindest doch in den meisten Fällen, mit den im Lösungsteil angegebenen Ergebnissen übereinstimmen.
Ich bin überzeugt, daß Ihr, wenn Ihr diesen Band der Duden-Schülerhilfen durchgearbeitet habt, keinerlei Schwierigkeiten haben werdet, wenn Euch Euer Mathematiklehrer nächstens sogar Gleichungen mit drei oder gar vier Unbekannten zumutet.

Mellrichstadt, im Sommer 1988 *Hans Borucki*

Übrigens: Zahlreiche Textaufgaben, die auf Gleichungen mit zwei Unbekannten führen, findet Ihr im Band „Textgleichungen 2“ der Duden-Schülerhilfen.

Inhaltsverzeichnis

1. Kapitel

Zur Wiederholung und Auffrischung

Bevor du dich an Gleichungen mit *mehreren* Unbekannten heranwagen kannst, mußt du zunächst einmal deine Kenntnisse über Gleichungen mit *einer* Unbekannten, über die Schnittmengenbildung und über die Darstellung von Zahlenpaaren im Koordinatensystem auffrischen.

1. Was du unbedingt wissen mußt über Gleichungen.

Gleichungen sind Steckbriefe für Zahlen.

Die Gleichung

$5+x=17$	$3\cdot x=36$	$x:4=3$

ist der Steckbrief für diejenige Zahl,

die man zu 5 addieren muß, um 17 zu erhalten.	deren 3faches 36 ist.	deren 4. Teil 3 ist.

Diejenige Menge, unter deren Elementen man sich auf die Suche nach der im Steckbrief beschriebenen Zahl macht, bezeichnet man als *Grundmenge*. Wenn nicht ausdrücklich etwas anderes angegeben wird, dann soll im folgenden stets die Menge der rationalen Zahlen die Grundmenge sein.

Diejenigen Zahlen aus der Grundmenge, auf die der Steckbrief zutrifft, faßt man zur *Lösungsmenge* zusammen. Sehr oft enthält die Lösungsmenge nur ein einziges Element.
Die einfachste Gleichung hat die Form

$$x = 12.$$

Ihre Lösungsmenge kann man unmittelbar ablesen:

$$L = \{12\}.$$

Alle anderen Gleichungen muß man durch geeignetes Umformen auf eine solche Form bringen.
Geeignet ist eine Umformung dann, wenn sich dabei nur die Formulierung des Steckbriefes ändert, nicht aber die Zahl, auf die er sich bezieht.
Mathematisch ausgedrückt: Bei jeder Umformung einer Gleichung muß man darauf achten, daß die gesuchte Zahl bzw. die gesuchten Zahlen dieselben bleiben, daß sich also die Lösungsmenge nicht ändert.
Solche Umformungen bezeichnet man als Äquivalenzumformungen.

Äquivalenzumformungen sind:

I. Addition derselben Zahl auf beiden Seiten der Gleichung

$$\begin{aligned} x - 3 &= 5 \qquad \| +3 \\ x - 3 + 3 &= 5 + 3 \\ x &= 8 \\ L &= \{8\} \end{aligned}$$

II. Subtraktion derselben Zahl auf beiden Seiten der Gleichung

$$\begin{aligned} x + 5 &= 7 \qquad \| -5 \\ x + 5 - 5 &= 7 - 5 \\ x &= 2 \\ L &= \{2\} \end{aligned}$$

III. Multiplikation beider Seiten der Gleichung mit derselben von Null verschiedenen Zahl

$$\begin{aligned} \frac{x}{4} &= 8 \qquad \| \cdot 4 \\ \frac{x}{4} \cdot 4 &= 8 \cdot 4 \\ x &= 32 \\ L &= \{32\} \end{aligned}$$

IV. Division beider Seiten der Gleichung durch dieselbe von Null verschiedene Zahl

$$
\begin{aligned}
3\cdot x &= 18 \qquad \| :3 \\
(3\cdot x):3 &= 18:3 \\
x &= 6 \\
L &= \{6\}
\end{aligned}
$$

In der Regel muß man mehrere dieser Äquivalenzumformungen vornehmen, um die gegebene Gleichung in die erstrebte Form „x = ...“ zu bringen.

1. Beispiel:

$$
\begin{aligned}
3x+7 &= 19 \qquad \| -7 \\
3x+7-7 &= 19-7 \\
3x &= 12 \qquad \| :3 \\
3x:3 &= 12:3 \\
x &= 4 \\
L &= \{4\}
\end{aligned}
$$

2. Beispiel:

$$
\begin{aligned}
7x-5 &= 3x+17 \qquad \| +5 \\
7x-5+5 &= 3x+17+5 \\
7x &= 3x+22 \\
7x-3x &= 3x+22-3x \\
4x &= 22 \qquad \| :4 \\
4x:4 &= 22:4 \\
x &= 5\tfrac{1}{2} \\
L &= \left\{5\tfrac{1}{2}\right\}
\end{aligned}
$$

Aufgabe 1: Bestimme ebenso die Lösungsmengen der folgenden Gleichungen.

a) $12x-9=4x+15$ b) $8+10x=16+2x$
c) $27-3x=12+2x$ d) $191+7x=628-12x$
e) $55-12x=123-28x$

Häufig muß man als ersten Schritt zur Bestimmung der Lösungsmenge die beiden Seiten der gegebenen Gleichung zusammenfassen.

1. Beispiel:

$$
\begin{aligned}
(2x+7)-(3x-3) &= (5x+4)\cdot 3 \\
2x+7-3x+3 &= 15x+12 \\
10-x &= 15x+12 \qquad \| -12
\end{aligned}
$$

$$
\begin{aligned}
10-x-12 &= 15x+12-12 \\
-x-2 &= 15x && \| +x \\
-x-2+x &= 15x+x \\
-2 &= 16x && \| :16 \\
-2:16 &= 16x:16 \\
-\frac{1}{8} &= x \\
L &= \left\{-\frac{1}{8}\right\}
\end{aligned}
$$

2. Beispiel:

$$
\begin{aligned}
(x+2)\cdot(x-2)+3\cdot(2x+5) &= (x+3)^2-2(3x-22) \\
x^2-4+6x+15 &= x^2+6x+9-6x+44 \\
x^2+6x+11 &= x^2+53 && \| -x^2 \\
6x+11 &= 53 && \| -11 \\
6x &= 42 && \| :6 \\
x &= 7 \\
L &= \{7\}
\end{aligned}
$$

Aufgabe 2: Bestimme ebenso die Lösungsmengen der folgenden Gleichungen.

a) $(x+15)(x-15)=(x-25)^2$
b) $6x(x+5)+2(x-3)^2-3(x+4)^2=5x^2-102$
c) $(x+6)^2-(x+8)^2+84=(x-9)^2-(x+5)^2$
d) $(x+5)^2+(2x+1)^2=(5x-5)(x+2)$
e) $(5x-3)(5x+3)-5(5x-1)(2+x)=4(3-11x)$

Störende Brüche oder Bruchterme kann man beseitigen, indem man beide Seiten der Gleichung mit dem Hauptnenner multipliziert.

1. Beispiel:

$$
\begin{aligned}
\frac{x}{3}+\frac{x}{4}-\frac{x}{6}-8 &= \frac{3}{8}x+4 && \| \cdot 24 \\
\frac{\overset{8}{\cancel{24}}\cdot x}{\underset{1}{\cancel{3}}}+\frac{\overset{6}{\cancel{24}}x}{\underset{1}{\cancel{4}}}-\frac{\overset{4}{\cancel{24}}\cdot x}{\underset{1}{\cancel{6}}}-24\cdot 8 &= \frac{\overset{9}{\cancel{72}}}{\underset{1}{\cancel{8}}}x+24\cdot 4 \\
8x+6x-4x-192 &= 9x+96 \\
10x-192 &= 9x+96 && \| -9x+192 \\
x &= 288 \\
L &= \{288\}
\end{aligned}
$$

2. Beispiel:

$$
\frac{7+x}{3+x}=\frac{51-x}{47-x} \qquad \| \cdot(3+x)\cdot(47-x)
$$

$$\frac{(7+x)(3+x)(47-x)}{(3+x)}=\frac{(51-x)(3+x)(47-x)}{(47-x)}$$

$$\begin{aligned} (7+x)(47-x) &= (51-x)(3+x) & & \\ 329+40x-x^2 &= 153+48x-x^2 & & \| +x^2 \\ 329+40x &= 153+48x & & \| -40x-153 \\ 176 &= 8x & & \| :8 \\ 22 &= x & & \\ L &= \{22\} & & \end{aligned}$$

Aufgabe 3: Bestimme ebenso die Lösungsmengen der folgenden Gleichungen.

a) $\frac{x}{8}+\frac{x}{6}+\frac{x}{3}+\frac{x}{12}+21=x$

b) $\frac{2}{3}x+\frac{3}{16}x+\frac{5}{72}x=x-22$

c) $\frac{x+9}{x+16}=\frac{13+x}{22+x}$

d) $\frac{x+2}{x-3}=\frac{6+x}{x-4}$

e) $\frac{7x-60}{x-10}=6+\frac{x+24}{x+2}$

Wenn du bei der Bearbeitung der Aufgaben 1–3 Schwierigkeiten hattest, dann mußt du zunächst deine Kenntnisse über Gleichungen auffrischen.
Alles was du wissen und können mußt, findest du in den Duden-Schülerhilfen, und zwar in den Bänden „Gleichungen und Ungleichungen 2“ und „Bruchgleichungen und Bruchungleichungen“.

2. Was du unbedingt wissen mußt über Schnittmengen.

Wir nehmen die Zahlen 2, 4, 6, 8, 10, 12, 14, 16, 18 und 20 und fassen sie zu einer Menge zusammen, die wir mit A bezeichnen.
Wir schreiben dafür:

$$A=\{2, 4, 6, 8, 10, 12, 14, 16, 18, 20\}$$

Die Zahlen, die wir zur Menge A zusammengefaßt haben, heißen *Elemente von A*.
Nun fassen wir auch noch die Zahlen 3, 6, 9, 12, 15, 18, 21, 24, 27 und 30 zu einer Menge zusammen, der wir den Namen B geben:

$$B=\{3, 6, 9, 12, 15, 18, 21, 24, 27, 30\}$$

Zur *Schnittmenge* von A und B gehören alle Zahlen, die *sowohl* in der Menge A *als auch* in der Menge B enthalten sind. Das sind die drei Zahlen 6, 12 und 18.
Wir schreiben dafür:

$$A \cap B=\{6, 12, 18\}$$

($A \cap B$ wird gelesen „A geschnitten mit B“)

Im Bild sieht das so aus:

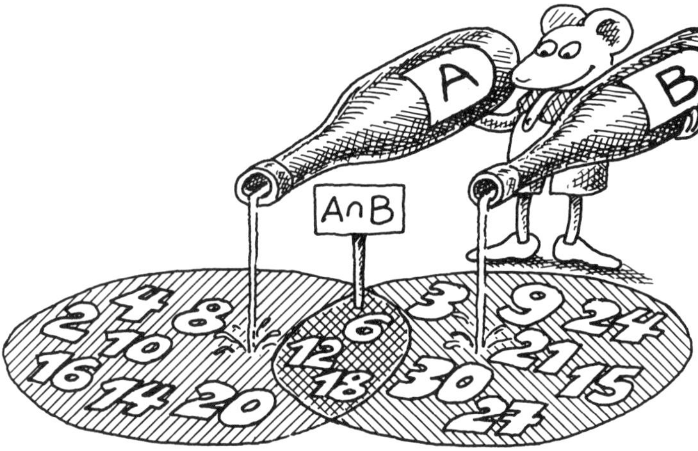

Weitere Beispiele:

1. Beispiel:

$$A = \{5, 10, 15, 20, 25\}$$
$$B = \{1, 2, 3, 4, 5, 6, 7, 8\}$$
$$\overline{A \cap B = \{5\}}$$

2. Beispiel:

$$\begin{array}{r} A = \{2, 4, 6, 8, 10\} \\ B = \{1, 2, 3, 4, 5, 6, 7, 8, 9, 10\} \\ \hline A \cap B = \{2, 4, 6, 8, 10\} \end{array}$$

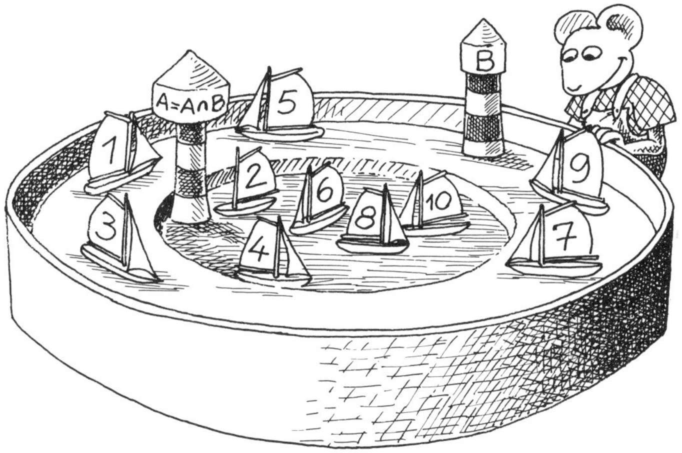

Die beiden Mengen

$$A = \{2, 4, 8, 16, 32\}$$

und

$$B = \{3, 6, 9, 12, 15, 18\}$$

haben kein einziges gemeinsames Element.
Man sagt: „A und B sind *elementefremd*" oder „Die Schnittmenge von A und B ist die *leere Menge*" und schreibt dafür:

$$A \cap B = \{\ \}$$

Aufgabe 4: Gegeben sind die folgenden Mengen:

$$\begin{aligned} A &= \{2, 4, 6, 8, 10\} \\ B &= \{4, 6, 8, 10, 12\} \\ C &= \{1, 2, 4, 8, 16\} \\ D &= \{3, 5, 7, 9\} \\ E &= \{1, 3, 9, 27, 81\} \\ F &= \{1, 2, 3, 4, 5, 6, 7, 8, 9, 10\} \end{aligned}$$

Bestimme die folgenden Schnittmengen:

a) $A \cap B$; b) $A \cap C$; c) $A \cap D$; d) $A \cap E$; e) $A \cap F$;
f) $B \cap C$; g) $B \cap D$; h) $B \cap E$; i) $B \cap F$; k) $C \cap D$;
l) $C \cap E$; m) $C \cap F$; n) $D \cap E$; o) $D \cap F$; p) $E \cap F$.

Bisher hatten wir es mit Mengen zu tun, deren Elemente Zahlen waren. Beim Lösen von Gleichungen mit zwei Unbekannten treten aber Mengen auf, deren Elemente *geordnete Zahlenpaare* sind. Bei einem geordnetem Zahlenpaar kommt es ganz wesentlich darauf an, welche Zahl an der ersten Stelle und welche Zahl an der zweiten Stelle steht.

Das geordnete Zahlenpaar (3; 5) ist also *nicht* gleich dem geordnetem Zahlenpaar (5; 3):

$$(3;\,5) \neq (5;\,3)$$

Im geordneten Paar (x; y) bezeichnen wir x als *1. Komponente* und y als *2. Komponente.*

Beispiele für Paarmengen sind die beiden Mengen

$$A = \{(1;\,2), (2;\,3), (3;\,2), (5;\,0), (0;\,5), (4;\,3), (5;\,4)\}$$

und $$B = \{(2;\,1), (3;\,2), (4;\,3), (5;\,4), (6;\,5)\}$$

Die drei geordneten Paare (3; 2), (4; 3) und (5; 4) sind Elemente sowohl der Menge A als auch der Menge B. Für die Schnittmenge von A und B gilt somit:

$$A \cap B = \{(3;\,2), (4;\,3), (5;\,4)\}$$

Im Bild sieht das so aus:

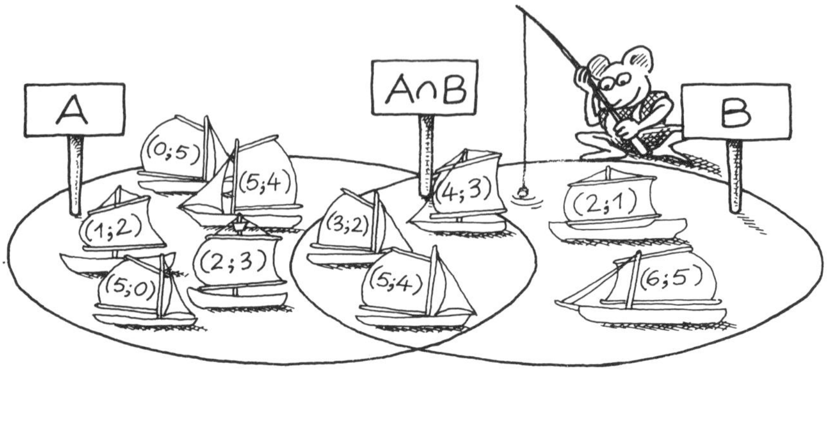

Weitere Beispiele:

1. Beispiel:

$$
\begin{aligned}
A &= \{(1;2),(2;4),(3;6),(4;8),(5;10)\}\\
B &= \{(2;4),(4;8),(8;16)\}\\
\hline
A \cap B &= \{(2;4),(4;8)\}
\end{aligned}
$$

2. Beispiel:

$$
\begin{aligned}
A &= \{(0;1),(2;3),(4;5),(5;4),(3;2),(1;0)\}\\
B &= \{(1;1{,}25),(2;2{,}5),(3;3{,}75),(4;5),(5;6{,}25)\}\\
\hline
A \cap B &= \{(4;5)\}
\end{aligned}
$$

3. Beispiel:

$$
\begin{aligned}
A &= \{(1;1{,}5),(2;1),(3;1{,}5),(4;2),(5;2{,}5)\}\\
B &= \{(1{,}5;1),(1;2),(1{,}5;3),(2;4),(2{,}5;5)\}\\
\hline
A \cap B &= \{\ \}
\end{aligned}
$$

Aufgabe 5: Gegeben sind die folgenden Paarmengen:

$$
\begin{aligned}
A &= \{(1;4),(2;8),(3;12),(4;16),(5;20)\}\\
B &= \{(1;6),(2;8),(3;10),(4;12),(5;14)\}\\
C &= \{(6;7),(3;10),(4;16),(5;14)\}\\
D &= \{(4;1),(6;2),(12;3),(4;5)\}
\end{aligned}
$$

Bilde die folgenden Schnittmengen:

a) $A \cap B$; b) $A \cap C$; c) $A \cap D$; d) $B \cap C$; e) $B \cap D$; f) $C \cap D$.

3. Was du unbedingt wissen mußt über das Koordinatensystem.

Zahlen lassen sich als Punkte auf der Zahlengeraden darstellen:

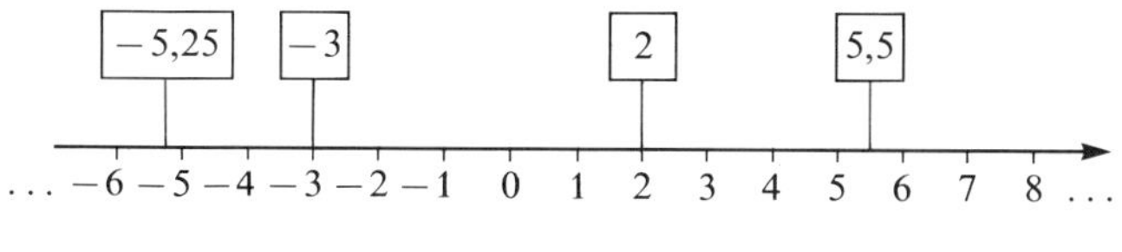

Zur Darstellung von Zahlen*paaren* verwenden wir *zwei* Zahlengeraden. Sie stehen senkrecht aufeinander und schneiden sich in ihren Nullpunkten.

Die *waagrechte* Zahlengerade bezeichnen wir als *x-Achse*. Die *senkrechte* Zahlengerade bezeichnen wir als *y-Achse*. Das so entstandene Geradenkreuz (Achsenkreuz) bezeichnen wir als *Koordinatensystem*.

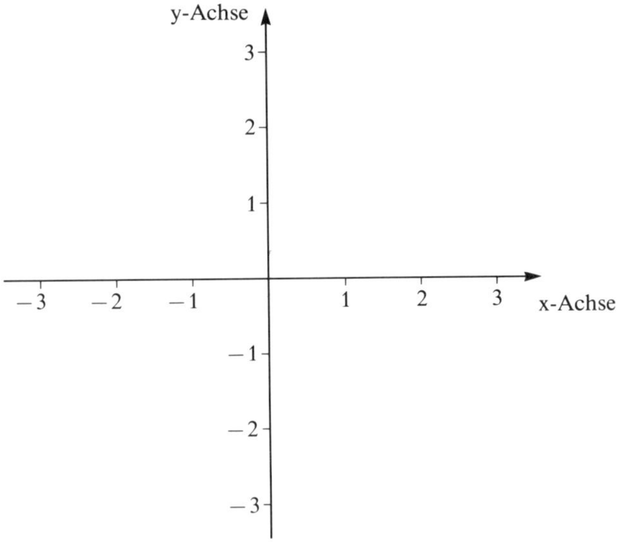

Wie man nun geordnete Zahlenpaare als Punkte in dem so entstandenen Koordinatensystem darstellen kann, zeigt die folgende Abbildung.

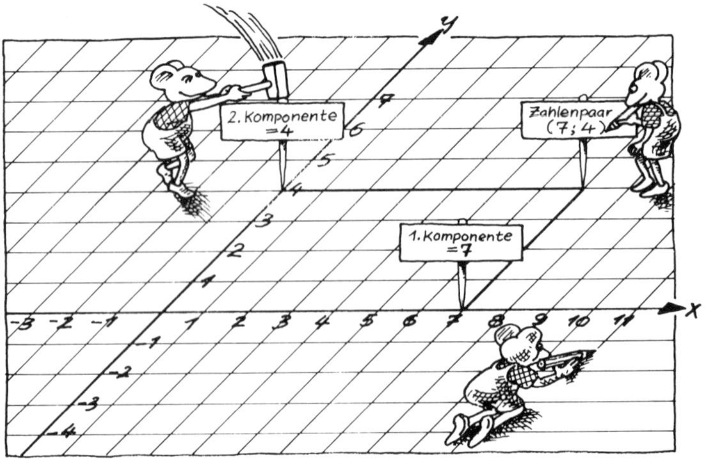

Die 1. Komponente des Zahlenpaares wird auf der x-Achse abgetragen. Man bezeichnet sie deshalb auch als *x-Wert* oder *x-Koordinate*.

Die 2. Komponente des Zahlenpaares wird auf der y-Achse abgetragen. Man bezeichnet sie deshalb auch als *y-Wert* oder *y-Koordinate.*

Beispiele:

geordnetes Zahlenpaar	x-Wert	y-Wert
(3; 4)	3	4
(−5; 2)	−5	2
(−2; −6)	−2	−6
(7; −4)	7	−4
(8; 0)	8	0
(0; 6)	0	6
(x; y)	x	y

Aufgabe 6: Welche Zahlenpaare sind durch die folgenden Punkte im Koordinatensystem dargestellt?

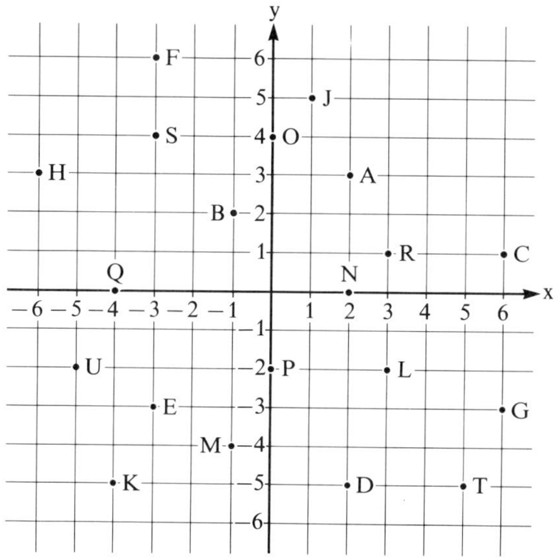

4. Was du unbedingt wissen mußt über Geraden im Koordinatensystem.

1. Beispiel:

Wir betrachten alle Zahlenpaare (x; y), bei denen die 2. Zahl doppelt so groß ist wie die erste.
Für die x- und y-Werte aller dieser Zahlenpaare muß also gelten:

$$y = 2 \cdot x$$

Derartige Zahlenpaare findet man, indem man für x beliebige Zahlen einsetzt und dann den zugehörigen y-Wert berechnet. Das geht besonders einfach in Tabellenform.

x-Wert (frei gewählt)	y-Wert (berechnet aus der Beziehung $y = 2 \cdot x$)	Zahlenpaar
1	$2 \cdot 1 = 2$	(1; 2)
4	$2 \cdot 4 = 8$	(4; 8)
-2	$2 \cdot (-2) = -4$	$(-2; -4)$
0	$2 \cdot 0 = 0$	(0; 0)
$-2{,}5$	$2 \cdot (-2{,}5) = -5$	$(-2{,}5; -5)$
$3\frac{1}{3}$	$2 \cdot 3\frac{1}{3} = 6\frac{2}{3}$	$\left(3\frac{1}{3}; 6\frac{2}{3}\right)$

Da man für x jede beliebige rationale Zahl einsetzen kann, gibt es unendlich viele Zahlenpaare, die die Bedingung $y = 2 \cdot x$ erfüllen. Wenn wir die sechs von uns berechneten Zahlenpaare als Punkte in ein Koordinatensystem eintragen, dann erhalten wir die folgende Abbildung.

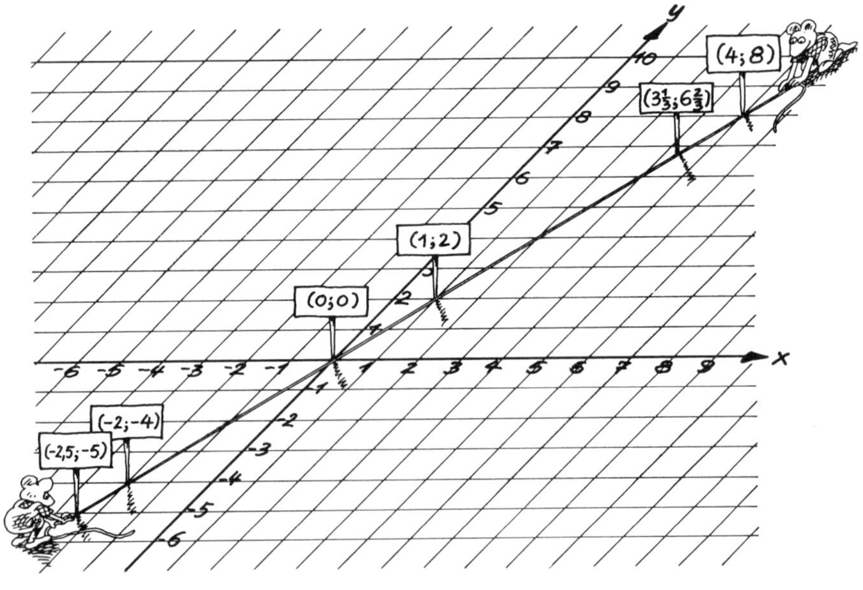

Wir erkennen: Die Punkte aller von uns berechneten Zahlenpaare liegen auf einer Geraden.

Auf dieser Geraden liegen aber nicht nur die Punkte der sechs von uns willkürlich herausgegriffenen Zahlenpaare. Auf dieser Geraden liegen vielmehr die Punkte aller überhaupt möglichen Zahlenpaare $(x; y)$ mit $y = 2 \cdot x$.

Umgekehrt gilt aber auch:
Alle Zahlenpaare $(x; y)$, deren Punkte auf dieser Geraden liegen, erfüllen die Bedingung $y = 2 \cdot x$.
Diese Gerade ist also ein Bild für die Menge aller Zahlenpaare, für die gilt: $y = 2 \cdot x$.
Wenn wir die Gerade gezeichnet haben, dann finden wir mit ihrer Hilfe jedes beliebige Zahlenpaar, das die Bedingung $y = 2 \cdot x$ erfüllt.

Und das geschieht so:
1. Wir wählen uns einen beliebigen Punkt P auf der Geraden.
2. Wir gehen von diesem Punkt so zu den beiden Koordinatenachsen, daß wir dort unter einem rechten Winkel ankommen.
3. Wir lesen die am Ankunftsort stehenden Zahlen ab.
Ergebnis: Das Paar (2,5; 5) gehört zur Lösungsmenge der Gleichung $y = 2 \cdot x$.

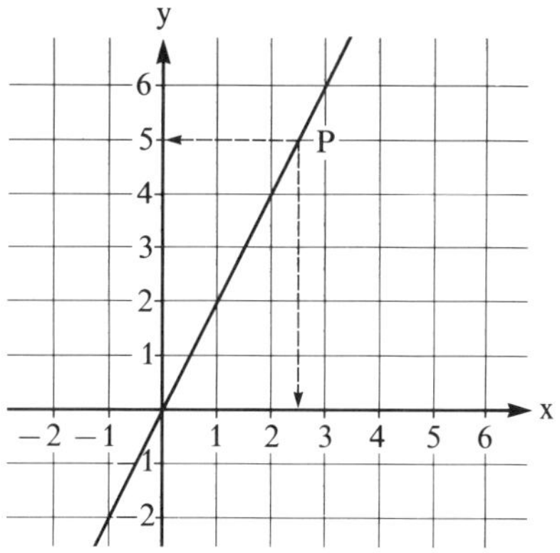

2. Beispiel:

Wir betrachten die Menge aller geordneten Zahlenpaare $(x; y)$, bei denen die 2. Zahl um 3 größer ist als die 1. Zahl.
Die x- und y-Werte dieser Zahlenpaare müssen also die Bedingung $y = x + 3$ erfüllen.
Auch in diesem Falle gilt: Die Punkte aller Zahlenpaare, die diese Bedingung erfüllen, liegen auf einer Geraden.
Um diese Gerade zeichnen zu können, brauchen wir nur zwei ihrer Punkte zu kennen.

Wir gehen dabei folgendermaßen vor:

1. Schritt: Wir wählen zwei beliebige x-Werte, z.B. 0 und -3.
2. Schritt: Wir berechnen die zugehörigen y-Werte.
3. Schritt: Wir tragen die so erhaltenen Zahlenpaare als Punkte in das Koordinatensystem ein.
4. Schritt: Wir verbinden diese beiden Punkte durch eine Gerade.

Das sieht so aus:

x	y=x+3	Zahlenpaar
0	0+3=3	(0; 3)
−3	−3+3=0	(−3; 0)

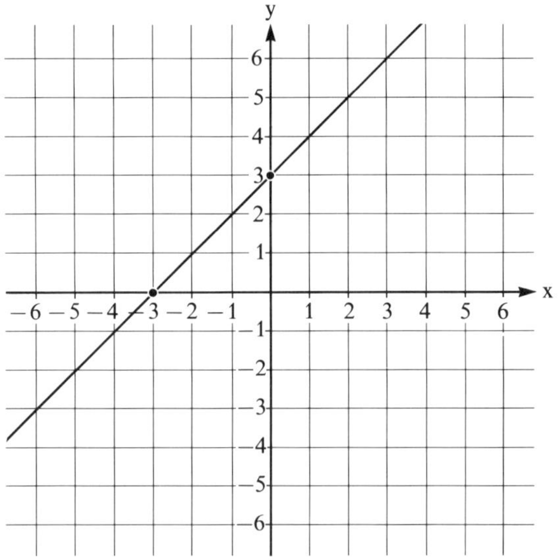

Auf der so erhaltenen Geraden liegen die Punkte aller Zahlenpaare, die die Bedingung $y = x + 3$ erfüllen.

3. Beispiel:

Wir suchen die Menge aller Zahlenpaare (x; y), bei denen die 2. Zahl gleich dem um 2 verminderten 3fachen der 1. Zahl ist.
Für die x- und y-Werte dieser Zahlenpaare muß gelten:

$$y = 3 \cdot x - 2$$

Die Punkte aller Zahlenpaare, die diese Bedingung erfüllen, liegen ebenfalls auf einer Geraden. Um sie zu zeichnen, wählen wir wiederum zwei beliebige x-Werte, z.B. 0 und 2, berechnen die zugehörigen y-Werte, tragen die so erhaltenen Punkte in ein Koordinatensystem ein und verbinden sie.

x	y=3x−2	Zahlenpaar
0	3·0−2=−2	(0; −2)
2	3·2−2=4	(2; 4)

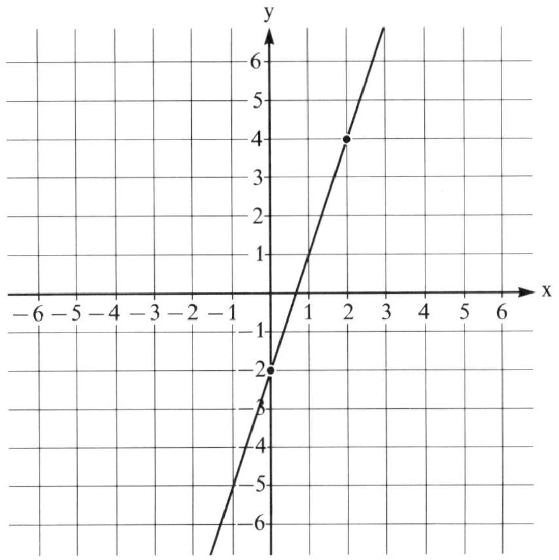

Die drei Beispiele sollten dir die folgende Tatsache ins Gedächtnis zurückrufen:

> Besteht zwischen den x- und y-Werten einer Menge von geordneten Zahlenpaaren (x; y) eine Beziehung der Art
>
> $y = 2 \cdot x$
>
> oder $y = x + 3$
>
> oder $y = 3 \cdot x - 2$
>
> oder $y = -5 \cdot x + 12$
>
> oder ganz allgemein $y = m \cdot x + b$,
>
> wobei für m und b jede beliebige Zahl eingesetzt werden darf, dann liegen alle zu diesen Zahlenpaaren gehörenden Punkte im Koordinatensystem jeweils auf einer von dieser Beziehung abhängigen *Geraden.* Die Gerade läßt sich zeichnen, wenn man zwei ihrer Punkte, das heißt also zwei der zugehörigen Zahlenpaare kennt.

Aufgabe 7: Zeichne wie in den Beispielen die zu den folgenden Beziehungen gehörenden Geraden.

a) $y = 2x - 1$; b) $y = -4x + 3$; c) $y = 4x - 5$; d) $y = -x - 2$

2. Kapitel

Gleichungssysteme der Form $\begin{pmatrix} ax + by = c \\ dx + ey = f \end{pmatrix}$

1. Zeichnerische Lösung

Wenn wir die beiden gesuchten Zahlen mit x und y bezeichnen, dann läßt sich dieser Steckbrief in die Form einer Gleichung mit den beiden Unbekannten x und y bringen:

Wir fassen die beiden gesuchten Zahlen x und y als ein geordnetes Zahlenpaar (x; y) auf.

Es gibt unendlich viele Zahlenpaare, auf die der Steckbrief zutrifft:

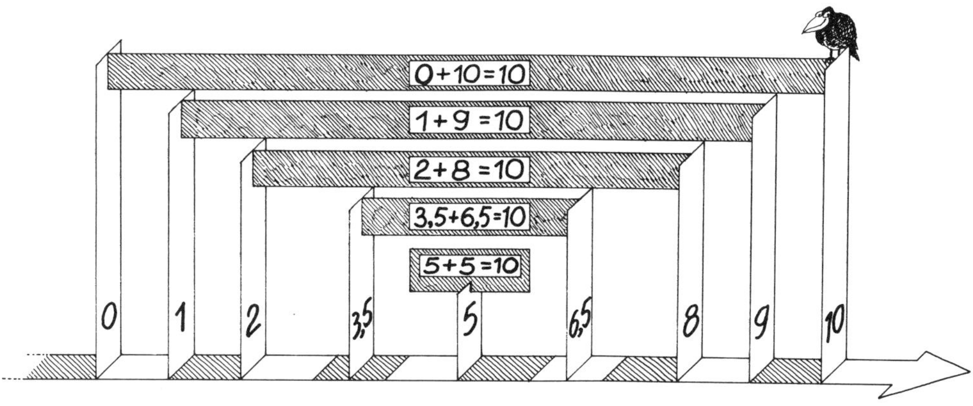

Die Lösungsmenge der Gleichung

$$x + y = 10$$

enthält also unendlich viele Zahlenpaare:

$$L = \{(0;\ 10), (1;\ 9), (2;\ 8), (0{,}5;\ 9{,}5), (2{,}3;\ 7{,}7) \ldots\}$$

Im vorangegangenen Kapitel haben wir uns die folgenden mathematischen Gegebenheiten ins Gedächtnis zurückgerufen:

1. Zahlenpaare lassen sich als Punkte im Koordinatensystem darstellen.
2. Die Punkte aller Zahlenpaare, zwischen deren x- und y-Werten eine Beziehung der Art
   $$y = mx + b$$
   besteht, liegen auf einer Geraden.
3. Zum Zeichnen einer Geraden genügt es, zwei ihrer Punkte zu kennen.

Unsere Gleichung $x + y = 10$ läßt sich durch Äquivalenzumformungen in die Form $y = mx + b$ bringen, und zwar folgendermaßen:

$$x + y = 10 \quad \| -x$$
$$y = 10 - x$$

bzw.
$$y = -x + 10$$

Die zu den gesuchten Zahlenpaaren gehörenden Punkte im Koordinatensystem liegen also auf einer Geraden.

Zur Bestimmung dieser Geraden gehen wir nun genauso vor, wie wir das im vorhergehenden Abschnitt gelernt haben:
Wir wählen zwei beliebige x-Werte, berechnen die zugehörigen y-Werte, tragen die so erhaltenen Zahlenpaare als Punkte ins Koordinatensystem ein und verbinden sie durch eine Gerade. Auf dieser Geraden liegen die Punkte aller Zahlenpaare, die zur Lösungsmenge der Gleichung $x + y = 10$ gehören.

x	$y = -x + 10$	Zahlenpaar
6	$-6 + 10 = 4$	(6; 4)
2	$-2 + 10 = 8$	(2; 8)

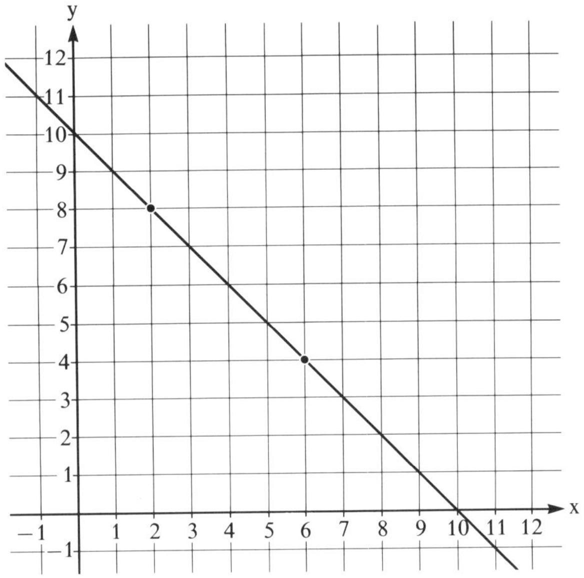

Diese Gerade ist sozusagen ein Bild der gesuchten Lösungsmenge.

Entsprechend verfahren wir nun mit dem folgenden Steckbrief:

Auch hierbei bezeichnen wir die beiden gesuchten Zahlen mit x und y und erhalten damit die Gleichung

$$x - y = 4$$

Die beiden gesuchten Zahlen x und y fassen wir nun wiederum als geordnetes Zahlenpaar (x; y) auf.
Es gibt unendlich viele Zahlenpaare, welche die Gleichung $x - y = 4$ erfüllen,

zum Beispiel	(5; 1),	denn $5 - 1 = 4$
oder	(10; 6),	denn $10 - 6 = 4$
oder	(8,4; 4,4),	denn $8{,}4 - 4{,}4 = 4$
usw.		

Die Lösungsmenge der Gleichung $x - y = 4$ enthält also unendlich viele Zahlenpaare:

$$L = \{(5;\,1), (10;\,6), (8{,}4;\,4{,}4), (7{,}5;\,3{,}5)\ \ldots\}$$

Die Gleichung $x - y = 4$ läßt sich in die Form $y = mx + b$ bringen, und zwar so:

$$\begin{aligned} x - y &= 4 \qquad \| + y \\ x &= 4 + y \quad \| - 4 \\ y &= x - 4 \end{aligned}$$

Die zu den Zahlenpaaren der Lösungsmenge gehörenden Punkte im Koordinatensystem liegen also auf einer Geraden.

Wir bestimmen diese Gerade auf dem üblichen Wege:

x	y=x−4	Zahlenpaar
4	4−4=0	(4; 0)
0	0−4=−4	(0; −4)

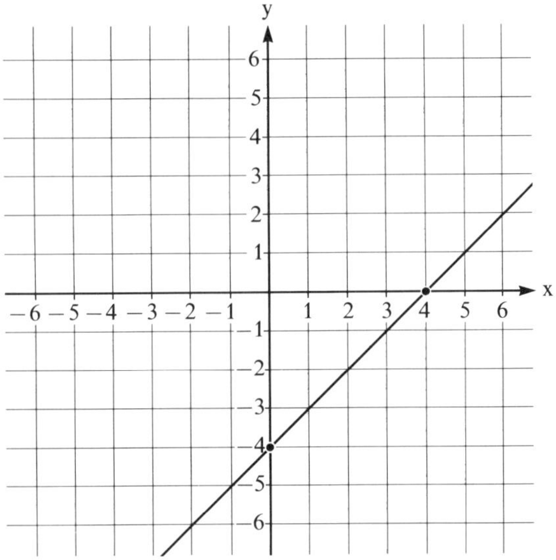

Und jetzt wird's kompliziert!

Dieser Steckbrief führt auf die beiden Gleichungen

$$x+y=10 \quad \text{und} \quad x-y=4$$

Die Zahlenpaare (x; y), die wir finden sollen, müssen *beide* Gleichungen erfüllen.
Es ist allgemein üblich, die beiden Gleichungen untereinander zu schreiben, mit I. und II. zu numerieren und so zu einem sogenannten *Gleichungssystem* zusammenzufassen:

$$\begin{array}{ll} \text{I.} & x+y=10 \\ \text{II.} & x-y=\ \ 4 \end{array}$$

Die Lösungsmenge der ersten Gleichung, also der Gleichung $x+y=10$, bezeichnen wir mit L_I.
Die Lösungsmenge der zweiten Gleichung, also der Gleichung $x-y=4$, bezeichnen wir mit L_{II}.

Die gesuchten Zahlenpaare müssen *beide* Gleichungen des Gleichungssystems erfüllen. Sie müssen also *sowohl* in der Lösungsmenge L_I *als auch* in der Lösungsmenge L_{II} enthalten sein.
Das sind aber gerade diejenigen Zahlenpaare, die zur Schnittmenge von L_I und L_{II} gehören.
Diese Schnittmenge $L_I \cap L_{II}$ bezeichnen wir als Lösungsmenge L des gegebenen Gleichungssystems:

$$L = L_I \cap L_{II}$$

Die Lösungsmenge L_I haben wir bereits auf S. 26 ermittelt.
Sie enthält unendlich viele Zahlenpaare, deren Punkte im Koordinatensystem auf einer Geraden liegen. Diese Gerade wollen wir, da sie ein Bild der Lösungsmenge L_I ist, mit g_I bezeichnen.

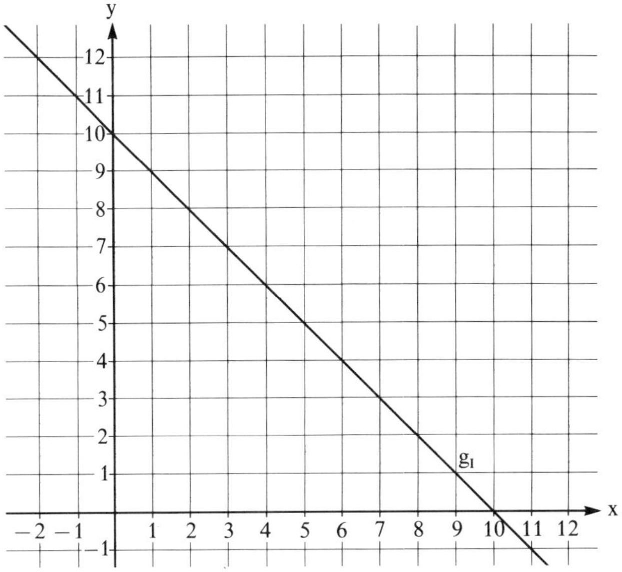

Auch die Lösungsmenge L_{II} kennen wir bereits. Wir haben sie auf Seite 28 bestimmt.
Die Gerade, auf der die Punkte aller zu L_{II} gehörenden Zahlenpaare liegen, bezeichnen wir mit g_{II}.

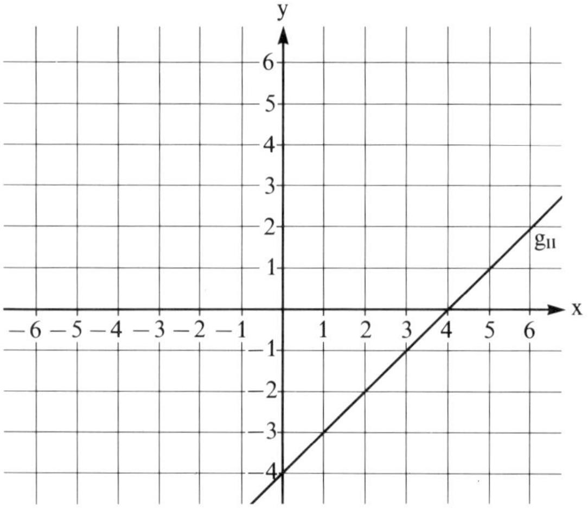

Zur Schnittmenge $L_I \cap L_{II}$, also zur Lösungsmenge L des gegebenen Gleichungssystems, gehören alle Zahlenpaare, deren Punkte *sowohl* auf der Geraden g_I *als auch* auf der Geraden g_{II} liegen.
Um sie zu bestimmen, zeichnen wir g_I und g_{II} in ein gemeinsames Koordinatensystem:

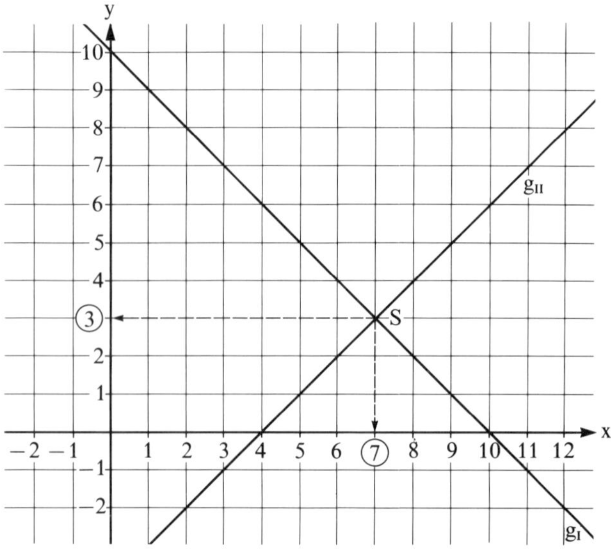

Wir erkennen:

Es gibt genau einen Punkt, der auf beiden Geraden zugleich liegt, ihren Schnittpunkt S.
Dieser Schnittpunkt S ist das Bild des Zahlenpaares (7; 3). Für die Lösungsmenge des gegebenen Gleichungssystems gilt also:

$$L = L_I \cap L_{II} = \{(7;\,3)\}$$

Die beiden gesuchten Zahlen sind 7 und 3.

Zum Abschluß empfiehlt es sich, das so erhaltene Ergebnis zu überprüfen.
Immerhin haben wir die beiden Gleichungen umgeformt, haben vier Zahlenpaare berechnet und haben zwei Geraden gezeichnet. Gelegenheit, Fehler zu machen, war also reichlich vorhanden.
Wir führen die Probe durch, indem wir in *beiden* Gleichungen an die Stelle von x die Zahl 7 und an die Stelle von y die Zahl 3 setzen und nachprüfen, ob wir damit eine wahre Aussage erhalten:

$$7+3=10 \quad \text{wahre Aussage!}$$
$$7-3=4 \quad \text{wahre Aussage!}$$

Weitere Beispiele in Kurzform:

1. Beispiel:

Gesucht ist die Lösungsmenge des Gleichungssystems

$$\text{I. } 2x+y=5$$
$$\text{II. } 3x-2y=4$$

1. Schritt: Wir bringen beide Gleichungen in die Form $y=mx+b$	$2x+y=5 \quad \Vert -2x$ $y=-2x+5$	$3x-2y=4 \quad \Vert +2y$ $3x=4+2y \quad \Vert -4$ $3x-4=2y \quad \Vert :2$ $y=\frac{3}{2}x-2$
2. Schritt: Wir berechnen für jede Gleichung zwei Zahlenpaare, wobei wir den x-Wert frei wählen können.	x | y | Paar 0 | 5 | (0; 5) 3 | −1 | (3; −1)	x | y | Paar 0 | −2 | (0; −2) 4 | 4 | (4; 4)

<table>
<tr><td>3. Schritt:
Wir zeichnen die zu den beiden Gleichungen I und II gehörenden Geraden g_I und g_{II} und bestimmen ihren Schnittpunkt S.</td><td>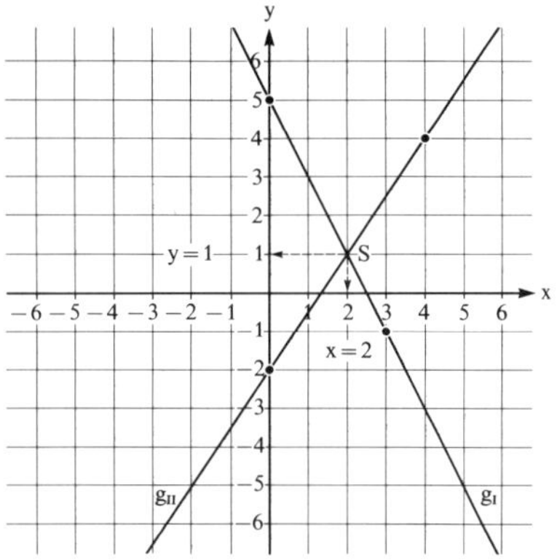
</td></tr>
<tr><td>4. Schritt:
Wir schreiben die Lösungsmenge auf.</td><td>$L = \{(2; 1)\}$</td></tr>
<tr><td>5. Schritt:
Wir führen an beiden Gleichungen die Probe durch.</td><td>I. $2 \cdot 2 + 1 = 5$ stimmt!
II. $3 \cdot 2 - 2 \cdot 1 = 4$ stimmt!</td></tr>
</table>

2. Beispiel:

Bestimmt werden soll die Lösungsmenge des Gleichungssystems

$$\begin{array}{ll} \text{I.} & 8x + 2y = 6 \\ \text{II.} & 2x + 0{,}5y = 0{,}5 \end{array}$$

<table>
<tr><td>1. Schritt:
Auflösen nach y.</td><td>$8x + 2y = 6 \quad \| -8x$
$2y = -8x + 6 \quad \| :2$
$y = -4x + 3$</td><td>$2x + 0{,}5y = 0{,}5 \quad \| -2x$
$0{,}5y = -2x + 0{,}5 \quad \| \cdot 2$
$y = -4x + 1$</td></tr>
<tr><td>2. Schritt:
Je zwei Zahlenpaare bestimmen.</td><td><table><tr><th>x</th><th>y</th><th>Paar</th></tr><tr><td>0</td><td>3</td><td>(0; 3)</td></tr><tr><td>2</td><td>−5</td><td>(2; −5)</td></tr></table></td><td><table><tr><th>x</th><th>y</th><th>Paar</th></tr><tr><td>0</td><td>1</td><td>(0; 1)</td></tr><tr><td>1</td><td>−3</td><td>(1; −3)</td></tr></table></td></tr>
</table>

<table>
<tr><td>3. Schritt:
Geraden zeichnen.</td><td>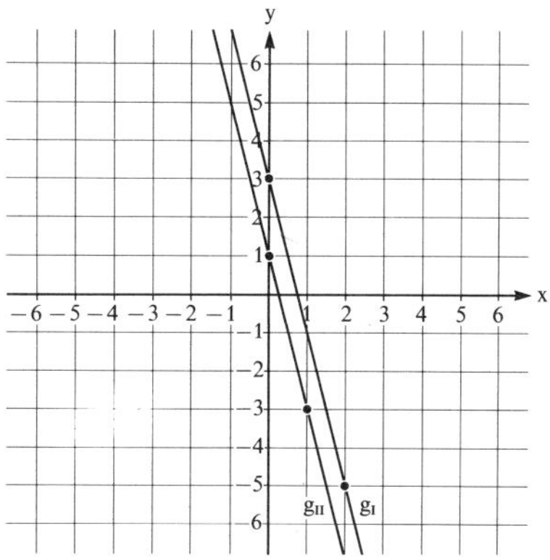

Die beiden Geraden schneiden sich nicht; sie sind parallel. Es gibt also kein Zahlenpaar, dessen Punkt auf beiden Geraden liegt. Das bedeutet: Die Lösungsmenge ist leer.</td></tr>
<tr><td>4. Schritt:
Lösungsmenge aufschreiben.</td><td>$L = \{\ \}$</td></tr>
</table>

3. Beispiel:

Gesucht ist die Lösungsmenge des Gleichungssystems

$$\begin{aligned} \text{I.}\quad 4x + 2y &= 10 \\ \text{II.}\quad 3x + 1{,}5y &= 7{,}5 \end{aligned}$$

<table>
<tr><td>1. Schritt:
Auflösen nach y.</td><td>$4x + 2y = 10 \quad \| -4x$
$2y = -4x + 10 \quad \| : 2$
$y = -2x + 5$</td><td>$3x + 1{,}5y = 7{,}5 \quad \| -3x$
$1{,}5y = -3x + 7{,}5 \quad \| : 1{,}5$
$y = -2x + 5$</td></tr>
<tr><td>2. Schritt:
Je zwei Zahlenpaare bestimmen.</td><td><table><tr><th>x</th><th>y</th><th>Paar</th></tr><tr><td>0</td><td>5</td><td>(0; 5)</td></tr><tr><td>2</td><td>1</td><td>(2; 1)</td></tr></table></td><td><table><tr><th>x</th><th>y</th><th>Paar</th></tr><tr><td>0</td><td>5</td><td>(0; 5)</td></tr><tr><td>2</td><td>1</td><td>(2; 1)</td></tr></table></td></tr>
</table>

3. Schritt:
Geraden zeichnen.

Spätestens jetzt erkennt man, daß es sich ja gar nicht um zwei verschiedene Geraden handelt, sondern daß beide Gleichungen auf dieselbe Gerade führen.

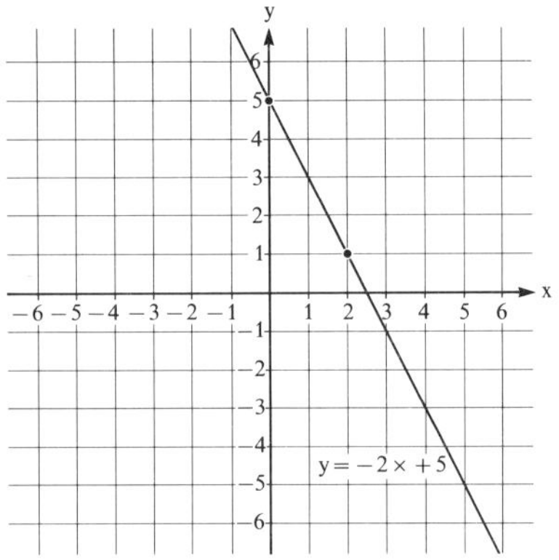

Alle Zahlenpaare, deren Punkte auf dieser Geraden liegen, erfüllen *beide* Gleichungen und gehören damit zur Lösungsmenge.
Die Lösungsmenge enthält also alle Zahlenpaare (x; y), für die gilt: $y = -2x + 5$.
Das sind unendlich viele, wir können sie nicht alle aufschreiben.
Behelfen können wir uns, indem wir entweder einige von ihnen aufzählen und danach 3 Pünktchen setzen:

$$L = \{(0;5), (1;3), (2;1), (3;-1), (4;-3) \ldots\}$$

oder indem wir sie beschreiben:

$$L = \{\text{Alle Zahlenpaare } (x;y)\text{, für die gilt: } y = -2x + 5\}$$

Dafür schreibt man kürzer:

$$L = \{(x;y) \mid y = -2x + 5\}$$

Aufgabe 1: Bestimme ebenso die Lösungsmengen der folgenden Gleichungssysteme.

a) I. $x + y = 5$ II. $4x - 2y = 8$	b) I. $2x + y = 6$ II. $x - y = -3$	c) I. $4x + 3y = 1$ II. $-3x + y = 9$
d) I. $3x - 2y = 3$ II. $2x + 5y = 2$	e) I. $3x - 5y = 6$ II. $-5x + 3y = 6$	f) I. $6x - 7{,}5y = -3$ II. $4x - 5y = 1$
g) I. $2x + 3y = -1$ II. $x - 2y = 10$	h) I. $9x + 6y = 12$ II. $1{,}5x + y = 2$	i) I. $3x + 2y = 10$ II. $-2x + 3y = 15$

2. Rechnerische Lösung

Alle Gleichungssysteme, die wir bisher zeichnerisch gelöst haben, hatten die Form

$$\begin{array}{ll} \text{I.} & ax+by=c \\ \text{II.} & dx+ey=f \end{array}$$

wobei anstelle der Buchstaben a, b, c, d, e und f irgendwelche Zahlen standen.

Weil die zeichnerische Lösung derartiger Gleichungssysteme auf zwei Geraden führt, bezeichnet man sie als *lineare Gleichungssysteme.*

Wir beschränken uns in diesem Band der Duden-Schülerhilfe auf die Behandlung linearer Gleichungssysteme.

Die zeichnerische Lösung von linearen Gleichungssystemen mit zwei Unbekannten beherrschen wir nun. Wir müssen aber zugeben, daß sie recht umständlich und zeitraubend ist.

Darüber hinaus hat dieses zeichnerische Verfahren auch noch schwerwiegende Mängel.

Was machen wir beispielsweise, wenn sich die beiden Geraden im Punkte des Zahlenpaares (25; −37) schneiden? Dieser Punkt liegt ganz sicher nicht in dem Bereich des Koordinatensystems, der üblicherweise auf unser Zeichenblatt paßt.

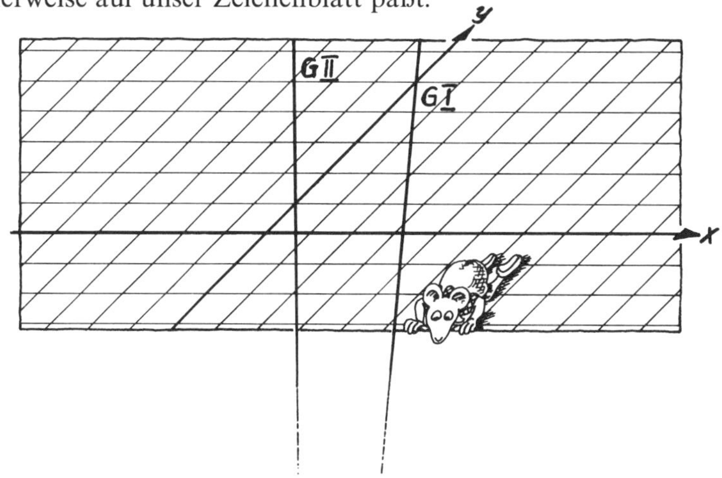

Oder was machen wir, wenn sich die beiden Geraden in einem Punkte schneiden, dessen x- und y-Werte sich nur schätzen lassen, weil sie zwischen zwei ganzen Zahlen liegen?

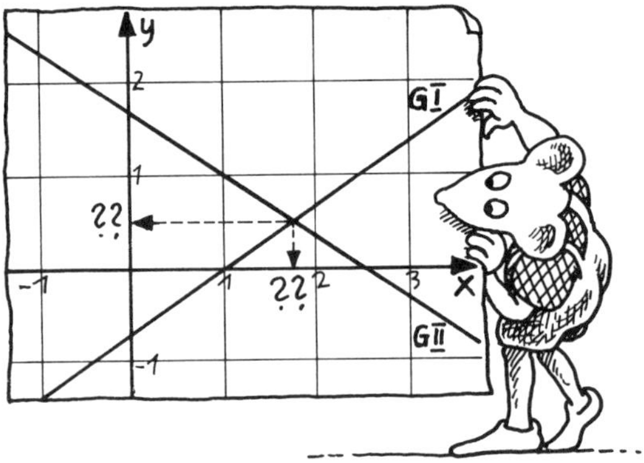

Oder was machen wir, wenn sich die beiden Geraden unter einem so kleinen Winkel schneiden, daß sich der eigentliche Schnitt*punkt* gar nicht genau erkennen läßt?

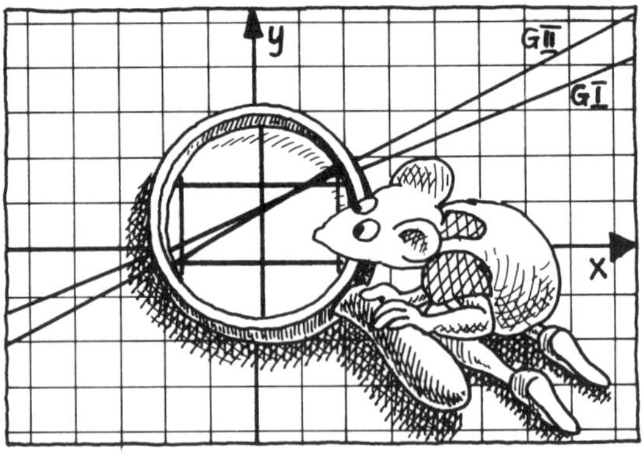

Es ist also angeraten, ein Verfahren zur Lösung von Gleichungssystemen zu entwickeln, das nicht mit diesen Nachteilen, Mängeln und Fehlerquellen behaftet ist.

a) Das Gleichsetzungsverfahren

Noch einmal, diesmal aber ganz bestimmt zum letzten Male, wollen wir uns vornehmen, ein Gleichungssystem mit zwei Unbekannten auf zeichnerischem Wege zu lösen, und zwar das System

$$\begin{array}{ll} \text{I.} & x+2y=5 \\ \text{II.} & 5x+6y=20 \end{array}$$

<table>
<tr>
<td>1. Schritt:
Auflösen nach y.</td>
<td>$$\begin{aligned} x+2y&=5 \quad \| -x \\ 2y&=-x+5 \quad \| :2 \\ y&=-\tfrac{1}{2}x+\tfrac{5}{2} \end{aligned}$$</td>
<td>$$\begin{aligned} 5x+6y&=20 \quad \| -5x \\ 6y&=-5x+20 \quad \| :6 \\ y&=-\tfrac{5}{6}x+\tfrac{20}{6} \end{aligned}$$</td>
</tr>
<tr>
<td>2. Schritt:
Je zwei Zahlen-paare bestimmen.</td>
<td><table><tr><th>x</th><th>y</th><th>Paar</th></tr><tr><td>1</td><td>2</td><td>(1; 2)</td></tr><tr><td>3</td><td>1</td><td>(3; 1)</td></tr></table></td>
<td><table><tr><th>x</th><th>y</th><th>Paar</th></tr><tr><td>4</td><td>0</td><td>(4; 0)</td></tr><tr><td>−2</td><td>5</td><td>(−2; 5)</td></tr></table></td>
</tr>
<tr>
<td>3. Schritt:
Geraden zeichnen und Schnittpunkt bestimmen.</td>
<td colspan="2">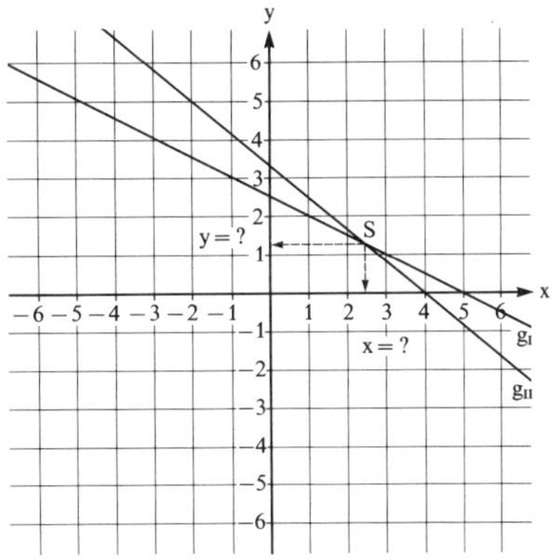
</td>
</tr>
</table>

Der Schnittpunkt S läßt sich in diesem Falle nun wahrlich nicht genau bestimmen.
Erstens „verwischt“ er förmlich, weil die beiden Geraden sich unter einem sehr kleinen Winkel schneiden.
Zweitens liegt der x-Wert irgendwo zwischen 2 und 3 und der y-Wert irgendwo zwischen 1 und 2.
Die genauen Werte für x und y, und damit auch die Lösungsmenge, lassen sich aus dieser Zeichnung ganz sicher nicht ermitteln.

Da wir nun mit der *Zeichnung* nicht weiterkommen, versuchen wir's jetzt mal mit einer *Rechnung*.
Dazu überlegen wir uns folgendes:
Der Schnittpunkt S liegt auf beiden Geraden, also *sowohl* auf der Geraden g_I, *als auch* auf der Geraden g_{II}.

Da er auf g_I liegt, gilt für seinen y-Wert die Gleichung:	$y=-\frac{1}{2}x+\frac{5}{2}$
Da er auf g_{II} liegt, gilt für seinen y-Wert die Gleichung:	$y=-\frac{5}{6}x+\frac{20}{6}$
Da es sich aber in beiden Fällen um *denselben* y-Wert handelt, nämlich den y-Wert des Schnittpunktes der beiden Geraden, müssen auch die rechten Seiten der beiden Gleichungen untereinander gleich sein. Es muß also gelten:	$-\frac{1}{2}x+\frac{5}{2}=-\frac{5}{6}x+\frac{20}{6}$

Und siehe da! Auf einmal haben wir nur noch eine einzige Gleichung mit einer einzigen Unbekannten, nämlich der Unbekannten x.

Diese Gleichung lösen wir nun auf dem üblichen Wege:

$$-\frac{1}{2}x+\frac{5}{2}=-\frac{5}{6}x+\frac{20}{6} \quad \| \cdot 6$$

$$-3x+15=-5x+20 \quad \| +5x$$

$$2x+15=20 \quad \| -15$$

$$2x=5 \quad \| :2$$

$$\underline{x=\frac{5}{2}}$$

Damit haben wir nun den x-Wert des Schnittpunktes der beiden Geraden erhalten.

Den zugehörigen y-Wert erhalten wir, wenn wir den so gefundenen Wert an die Stelle von x setzen und zwar

entweder in die Gleichung	*oder* in die Gleichung
$y = -\frac{1}{2}x + \frac{5}{2}$	$y = -\frac{5}{6}x + \frac{20}{6}$

Wir erhalten dann in beiden Fällen denselben y-Wert:

$y = -\frac{1}{2} \cdot \frac{5}{2} + \frac{5}{2}$	$y = -\frac{5}{6} \cdot \frac{5}{2} + \frac{20}{6}$
$y = -\frac{5}{4} + \frac{5}{2}$	$y = -\frac{25}{12} + \frac{20}{6}$
$\underline{y = \frac{5}{4}}$	$y = -\frac{25}{12} + \frac{40}{12}$
	$y = \frac{15}{12}$
	$\underline{y = \frac{5}{4}}$

Damit haben wir nun sowohl den x- als auch den y-Wert des Schnittpunktes berechnet.

Es gilt: $x = \frac{5}{2}$ und $y = \frac{5}{4}$

Das zu diesem Schnittpunkt gehörende Zahlenpaar ist $\left(\frac{5}{2}; \frac{5}{4}\right)$ und für die Lösungsmenge des gegebenen Gleichungssystems gilt:

$$L = \left\{\left(\frac{5}{2}; \frac{5}{4}\right)\right\}$$

Und so sieht unser Verfahren in Kurzform aus:

1. Schritt: Beide Gleichungen nach y auflösen.	$x + 2y = 5$ $y = \boxed{-\frac{1}{2}x + \frac{5}{2}}$	$5x + 6y = 20$ $y = \boxed{-\frac{5}{6}x + \frac{20}{6}}$
2. Schritt: Die rechten Seiten gleichsetzen und die so erhaltene Gleichung nach x auflösen.	$\boxed{-\frac{1}{2}x + \frac{5}{2}} = \boxed{-\frac{5}{6}x + \frac{20}{6}}$ $\underline{x = \frac{5}{2}}$	

3. Schritt: Den erhaltenen x-Wert in die Gleichung $y=-\frac{1}{2}x+\frac{5}{2}$ oder $y=-\frac{5}{6}x+\frac{20}{6}$ einsetzen und y berechnen.	$y=-\frac{1}{2}\cdot\frac{5}{2}+\frac{5}{2}$ $\underline{y=\frac{5}{4}}$
4. Schritt: Die Lösungsmenge aufschreiben.	$L=\left\{\left(\frac{5}{2};\frac{5}{4}\right)\right\}$

Die Probe, mit der wir *jede* Aufgabe abschließen sollten, müssen wir an den Ausgangsformen *beider* Gleichungen des Gleichungssystems durchführen. Anderenfalls würden wir Fehler, die uns bei der Umformung der Ausgangsgleichung unterlaufen sind, nicht erkennen. Wir setzen also in *beide Ausgangsgleichungen* an die Stelle von x die Zahl $\frac{5}{2}$ und an die Stelle von y die Zahl $\frac{5}{4}$ und prüfen nach, ob sich dabei wahre Aussagen ergeben:

$$\text{I.}\quad \frac{5}{2}+2\cdot\frac{5}{4}=\frac{5}{2}+\frac{5}{2}=5 \qquad \text{stimmt!}$$

$$\text{II.}\quad 5\cdot\frac{5}{2}+6\cdot\frac{5}{4}=\frac{25}{2}+\frac{15}{2}=\frac{40}{2}=20 \qquad \text{stimmt!}$$

Weil bei diesem Lösungsverfahren die rechten Seiten der beiden nach y aufgelösten Gleichungen gleichgesetzt werden, spricht man vom *Gleichsetzungsverfahren.*

Weitere Beispiele für das Gleichsetzungsverfahren:

1. Beispiel:

Das Gleichungssystem	I. $15x-2y=44$ II. $10x-3y=16$	
1. Schritt: Auflösen beider Gleichungen nach y.	$15x-2y=44 \quad \| +2y$ $15x=44+2y \quad \| -44$ $15x-44=2y \quad \| :2$ $y=\boxed{\frac{15}{2}x-22}$	$10x-3y=16 \quad \| +3y$ $10x=16+3y \quad \| -16$ $10x-16=3y \quad \| :3$ $y=\boxed{\frac{10}{3}x-\frac{16}{3}}$
2. Schritt: Gleichsetzen und auflösen nach x.	$\boxed{\frac{15}{2}x-22}=\boxed{\frac{10}{3}x-\frac{16}{3}} \quad \| \cdot 6$ $45x-132=20x-32 \quad \| -20x+132$ $25x=100 \quad \| :25$ $\underline{x=4}$	

3. Schritt: Einsetzen von x in die Gleichung $y=\frac{15}{2}x-22$ und Berechnung von y.	$y=\frac{15}{2}\cdot 4-22$ $y=30-22$ $\underline{y=8}$
4. Schritt: Lösungsmenge aufschreiben.	$L=\{(4;8)\}$
5. Schritt: Probe.	I. $15\cdot 4-2\cdot 8=60-16=44$ stimmt! II. $10\cdot 4-3\cdot 8=40-24=16$ stimmt!

2. Beispiel:

Das Gleichungssystem	I. $15x+5y=35$ II. $2x+\frac{2}{3}y=2$	
1. Schritt: Auflösen beider Gleichungen nach y.	$15x+5y=35 \quad \| -15x$ $5y=-15x+35 \quad \| :5$ $y=\boxed{-3x+7}$	$2x+\frac{2}{3}y=2 \quad \| \cdot 3$ $6x+2y=6 \quad \| -6x$ $2y=-6x+6 \quad \| :2$ $y=\boxed{-3x+3}$
2. Schritt: Gleichsetzen.	$\boxed{-3x+7}=\boxed{-3x+3} \quad \| +3x$ $7=3$ Widerspruch! Welche Zahl man auch immer in der Gleichung $-3x+7=-3x+3$ an die Stelle von x setzt, es ergibt sich stets die falsche Aussage: $7=3$. Es gibt also *keine* Zahl, die diese Gleichung erfüllt. Wenn sich aber kein x-Wert findet, dann läßt sich auch kein y-Wert berechnen. Daraus folgt: Es gibt kein Zahlenpaar, das das gegebene Gleichungssystem erfüllt. Die Lösungsmenge ist leer. $L=\{\ \}$	

Übrigens: Der Versuch, dieses Gleichungssystem zeichnerisch zu lösen, führt auf zwei parallel Geraden, die logischerweise keinen Schnittpunkt besitzen.

3. Beispiel:

Das Gleichungssystem	I. $6x + 18y = 24$ II. $1{,}5x + 4{,}5y = 6$	
1. Schritt: Auflösen beider Gleichungen nach y.	$6x + 18y = 24 \quad \| -6x$ $18y = -6x + 24 \quad \| :18$ $y = \boxed{-\frac{1}{3}x + \frac{4}{3}}$	$1{,}5x + 4{,}5y = 6 \quad \| -1{,}5x$ $4{,}5y = -1{,}5x + 6 \quad \| :4{,}5$ $y = \boxed{-\frac{1}{3}x + \frac{4}{3}}$
2. Schritt: Gleichsetzen.	$\boxed{-\frac{1}{3}x + \frac{4}{3}} = \boxed{-\frac{1}{3}x + \frac{4}{3}}$ Welche Zahl man auch immer in dieser Gleichung an die Stelle von x setzt, es ergibt sich stets eine wahre Aussage. Die Gleichung ist für jeden beliebigen x-Wert erfüllt. Alle Zahlenpaare (x; y), für die gilt $y = -\frac{1}{3}x + \frac{4}{3}$, gehören in die Lösungsmenge. $L = \left\{(x; y) \middle\| y = -\frac{1}{3}x + \frac{4}{3}\right\}$	

Übrigens: Würde man das gegebene Gleichungssystem zeichnerisch lösen, dann ergäben die beiden Gleichungen ein und dieselbe Gerade. Alle Zahlenpaare, deren Punkte auf dieser Geraden liegen, gehören zur Lösungsmenge.

Aufgabe 2: Bestimme ebenso die Lösungsmengen nach dem Gleichsetzungsverfahren.

a) I. $3x + y = 11$
II. $7x - 2y = 4$

b) I. $2x + 7y = 1$
II. $x + 5y = -1$

c) I. $3x + 4y = 6$
II. $-2x + 3y = 30$

d) I. $5x + 6y = 15$
II. $x + 2y = 5$

e) I. $5x - 2y = 7$
II. $1{,}5x + 3y = 18{,}3$

f) I. $3x + 9y = 10$
II. $4x + 12y = 25$

g) I. $5x + 20y = 15$
II. $3x + 12y = 9$

h) I. $x + 2y = 3$
II. $x - 2y = 0$

i) I. $12x + 8y = 13$
II. $-8x + 2y = 17$

k) I. $15x - 2y = 44$
II. $10x - 3y = 16$

l) I. $5x + 8y = 6$
II. $-4x + 5y = 18$

m) I. $2x + y = 2$
II. $-8x + 4y = 2$

n) I. $2x + y = 0$
II. $4x - 3y = 12$

o) I. $x + 2y = 0$
II. $-3x + 4y = 12$

p) I. $6x + 9y = 11$
II. $8x + 12y = 15$

b) Das Einsetzungsverfahren

Bestimmt werden soll die Lösungsmenge des Gleichungssystems

$$\begin{array}{ll} \text{I.} & 7x-8y=5 \\ \text{II.} & 5x+3y=21 \end{array}$$

Bei unserem bisherigen Lösungsverfahren, dem Gleichsetzungsverfahren, würden wir als erstes die beiden Gleichungen nach y auflösen, also in die Form „y = ...“ bringen.
Wir kommen aber, wie wir gleich sehen werden, auch dann zum Ziel, wenn wir *nur eine* der beiden Gleichungen nach y auflösen, beispielsweise die erste. Es ergibt sich dabei:

$$\begin{array}{ll} 7x-8y=5 & \| +8y-5 \\ 7x-5=8y & \| :8 \\ y=\frac{7}{8}x-\frac{5}{8} & \end{array}$$

Die so erhaltene Gleichung $y=\frac{7}{8}x-\frac{5}{8}$ besagt, daß in dem gegebenen Gleichungssystem y und $\frac{7}{8}x-\frac{5}{8}$ ein und dasselbe sind. Das heißt aber:

Überall, wo in unserem Gleichungssystem ein y steht, können wir es, wenn es uns so gefällt, oder wenn wir uns davon einen Vorteil versprechen, durch den Term $\frac{7}{8}x-\frac{5}{8}$ ersetzen. Ein Vorteil ergibt sich für uns aber zweifelsohne dann, wenn wir in der zweiten Gleichung an die Stelle von y den Term $\frac{7}{8}x-\frac{5}{8}$ setzen.

Das sieht so aus:

$$5x+3\cdot\left(\frac{7}{8}x-\frac{5}{8}\right)=21$$

Der Vorteil besteht, wie man leicht sieht, darin, daß wir auf diesem Wege eine Gleichung erhalten haben, die nur noch eine einzige Unbekannte, nämlich die Unbekannte x enthält. Diese können wir jetzt berechnen, indem wir die so erhaltene Gleichung nach x auflösen:

$$\begin{aligned} 5x+3\cdot\left(\frac{7}{8}x-\frac{5}{8}\right)&=21 && \| \text{ Klammer ausmultiplizieren} \\ 5x+\frac{21}{8}x-\frac{15}{8}&=21 && \| \cdot 8 \\ 40x+21x-15&=168 \\ 61x-15&=168 && \| +15 \\ 61x&=183 && \| :61 \\ \underline{x=3} \end{aligned}$$

Den so erhaltenen x-Wert setzen wir nun in der Gleichung

$$y=\frac{7}{8}x-\frac{5}{8}$$

an die Stelle von x.

Wir erhalten:

$$y=\frac{7}{8}\cdot 3-\frac{5}{8}$$

$$y=\frac{21}{8}-\frac{5}{8}$$

$$y=\frac{16}{8}$$

$$\underline{y=2}$$

Und damit haben wir die Lösungsmenge des gegebenen Gleichungssystems. Sie enthält das Zahlenpaar (3; 2):

$$L=\{(3;\,2)\}$$

Weil wir den aus der ersten Gleichung gewonnenen Term

$$\frac{7}{8}x-\frac{5}{8}$$

in der zweiten Gleichung an die Stelle von y *eingesetzt* haben, bezeichnet man dieses Lösungsverfahren als *Einsetzungsverfahren.*

Und so sieht unser Verfahren in Kurzform aus:

Das Gleichungssystem	I. $7x-8y=5$ II. $5x+3y=21$
1. Schritt: Wir lösen die 1. Gleichung nach y auf.	$7x-8y=5 \quad \| +8y-5$ $7x-5=8y \quad \| :8$ $y=\frac{7}{8}x-\frac{5}{8}$
2. Schritt: Wir setzen den so erhaltenen Term für y in die 2. Gleichung ein und berechnen x.	$5x+3\cdot\left(\frac{7}{8}x-\frac{5}{8}\right)=21$ $5x+\frac{21}{8}x-\frac{15}{8}=21 \quad \| \cdot 8$ $40x+21x-15=168 \quad \| +15$ $61x=183 \quad \| :61$ $\underline{\underline{x=3}}$
3. Schritt: Wir setzen den so erhaltenen x-Wert in die Gleichung $y=\frac{7}{8}x-\frac{5}{8}$ ein und berechnen y.	$y=\frac{7}{8}\cdot 3-\frac{5}{8}$ $y=\frac{21}{8}-\frac{5}{8}$ $y=\frac{16}{8}$ $\underline{\underline{y=2}}$
4. Schritt: Wir schreiben die Lösungsmenge auf.	$L=\{(3;2)\}$
5. Schritt: Wir machen die Probe.	I. $7\cdot 3-8\cdot 2=21-16=5$ stimmt! II. $5\cdot 3+3\cdot 2=15+6=21$ stimmt!

Weitere Beispiele

1. Beispiel:

Das Gleichungssystem	I. $3x+5y=55$ II. $-2x+3y=14$
1. Schritt: Zweite Gleichung nach y auflösen.	$-2x+3y=14 \quad \| +2x$ $3y=2x+14 \quad \| :3$ $y=\frac{2}{3}x+\frac{14}{3}$

2. Schritt: Einsetzen in die erste Gleichung.	$3x+5\cdot\left(\frac{2}{3}x+\frac{14}{3}\right)=55$ $3x+\frac{10}{3}x+\frac{70}{3}=55 \quad \| \cdot 3$ $9x+10x+70=165 \quad \|-70$ $19x=95 \quad \| :19$ $\underline{x=5}$
3. Schritt: Einsetzen in die Gleichung $y=\frac{2}{3}x+\frac{14}{3}$.	$y=\frac{2}{3}\cdot 5+\frac{14}{3}$ $y=\frac{10}{3}+\frac{14}{3}$ $y=\frac{24}{3}$ $\underline{y=8}$
4. Schritt: Lösungsmenge.	$L=\{(5;8)\}$
5. Schritt: Probe.	I. $3\cdot 5+5\cdot 8=15+40=55$ stimmt! II. $-2\cdot 5+3\cdot 8=-10+24=14$ stimmt!

Wer die Abwechslung liebt oder wer sich einen Vorteil davon verspricht, der kann die eine der beiden Gleichungen auch mal nach x auflösen und den so erhaltenen Term in der anderen Gleichung an die Stelle von x setzen.

Einen Vorteil bringt diese Möglichkeit ganz bestimmt beim

2. Beispiel:

Das Gleichungssystem	I. $3x+2y=2$ II. $x+3y=10$
1. Schritt: Zweite Gleichung nach x auflösen.	$x+3y=10 \quad \|-3y$ $x=10-3y$
2. Schritt: Einsetzen in die erste Gleichung.	$3\cdot(10-3y)+2y=2$ $30-9y+2y=2$ $30-7y=2 \quad \|+7y-2$ $28=7y \quad \| :7$ $4=y$

3. Schritt: Einsetzen in die Gleichung $x=10-3y$.	$x=10-3\cdot 4$ $x=10-12$ $\underline{x=-2}$
4. Schritt: Lösungsmenge	$L=\{(-2;4)\}$
5. Schritt: Probe.	I. $3\cdot(-2)+2\cdot 4=-6+8=2$ stimmt! II. $-2+3\cdot 4=-2+12=10$ stimmt!

Gelegentlich kann es von Vorteil sein, wenn man eine der beiden Gleichungen weder nach x noch nach y auflöst, sondern nach einem *Vielfachen* von x oder y, wie im

3. Beispiel:

Das Gleichungs-system	I. $3x+8y=48$ II. $-2x+8y=8$
1. Schritt: Erste Gleichung nach 8y auflösen.	$3x+8y=48 \quad \| -3x$ $8y=48-3x$
2. Schritt: Einsetzen in die zweite Gleichung.	$-2x+(48-3x)=8$ $-5x+48=8 \quad \| +5x-8$ $40=5x \quad \| :5$ $\underline{8=x}$
3. Schritt: Einsetzen in die Gleichung $8y=48-3x$.	$8y=48-3\cdot 8$ $8y=48-24$ $8y=24$ $\underline{y=3}$
4. Schritt: Lösungsmenge.	$L=\{(8;3)\}$
5. Schritt: Probe	I. $3\cdot 8+8\cdot 3=24+24=48$ stimmt! II. $-2\cdot 8+8\cdot 3=-16+24=8$ stimmt!

Hin und wieder stößt man auf ein Gleichungssystem, das *keine* Lösung hat, dessen Lösungsmenge leer ist. Wie sich das beim Einsetzungsverfahren bemerkbar macht, zeigt das

4. Beispiel:

Das Gleichungssystem	$\begin{array}{rl} \text{I.} & 6x+4y=5 \\ \text{II.} & 3x+2y=1 \end{array}$
1. Schritt: Zweite Gleichung nach y auflösen.	$\begin{array}{rl} 3x+2y=1 & \Vert -3x \\ 2y=1-3x & \Vert :2 \\ y=\frac{1}{2}-\frac{3}{2}x & \end{array}$
2. Schritt: Einsetzen in die erste Gleichung.	$6x+4\cdot\left(\frac{1}{2}-\frac{3}{2}x\right)=5$ $6x+2-6x=5 \quad \Vert -6x$ $2=5$ Widerspruch! Gleichgültig, welche Zahl man auch immer in der Gleichung $6x+2-6x=5$ an die Stelle von x setzt, es ergibt sich stets die falsche Aussage: $2=5$. Es gibt also keine Zahl, die diese Gleichung erfüllt. Wenn sich aber kein x-Wert findet, dann läßt sich auch kein y-Wert berechnen. Daraus folgt: Es gibt kein Zahlenpaar, das das gegebene Gleichungssystem erfüllt. Die Lösungsmenge ist leer. $L=\{\ \}$

Aufgabe 3: Bestimme die Lösungsmengen nach dem Einsetzungsverfahren.

a) $\begin{array}{rl} \text{I.} & 3x+y=14 \\ \text{II.} & -x+y=-2 \end{array}$

b) $\begin{array}{rl} \text{I.} & 3x+7y=26 \\ \text{II.} & 3x-4y=4 \end{array}$

c) $\begin{array}{rl} \text{I.} & 2x-y=7 \\ \text{II.} & x-y=5 \end{array}$

d) $\begin{array}{rl} \text{I.} & 3x-2y=6 \\ \text{II.} & 5x-3y=15 \end{array}$

e) $\begin{array}{rl} \text{I.} & 6x+9y=8 \\ \text{II.} & 10x+15y=21 \end{array}$

f) $\begin{array}{rl} \text{I.} & 5x-y=3{,}8 \\ \text{II.} & 3x+2y=13{,}2 \end{array}$

g) $\begin{array}{rl} \text{I.} & 3x+6y=2 \\ \text{II.} & 2x-y=3 \end{array}$

h) $\begin{array}{rl} \text{I.} & 16x+20y=4 \\ \text{II.} & 20x+25y=5 \end{array}$

i) $\begin{array}{rl} \text{I.} & 15x-7y=-95 \\ \text{II.} & 5x+8y=20 \end{array}$

k) $\begin{array}{rl} \text{I.} & 12x-23y=5{,}6 \\ \text{II.} & 12x-35y=-4 \end{array}$

l) $\begin{array}{rl} \text{I.} & 12x+7y=5 \\ \text{II.} & 15x+7y=50 \end{array}$

m) $\begin{array}{rl} \text{I.} & 2x+3y=24 \\ \text{II.} & 2x+5y=56 \end{array}$

n) $\begin{array}{rl} \text{I.} & 49x+63y=128 \\ \text{II.} & 14x+18y=51 \end{array}$

o) $\begin{array}{rl} \text{I.} & 7x-2y=26 \\ \text{II.} & 11x+4y=18 \end{array}$

p) $\begin{array}{rl} \text{I.} & 7x+9y=6 \\ \text{II.} & 11x+6{,}6y=0 \end{array}$

c) Das Additionsverfahren

Das erklärte Ziel sowohl beim Gleichsetzungsverfahren als auch beim Einsetzungsverfahren ist es, die gegebenen *zwei* Gleichungen mit *zwei* Unbekannten zu *einer* Gleichung mit *einer* Unbekannten zusammenzufassen.
Oft läßt sich dieses Ziel auf einem anderen Wege leichter und schneller erreichen, zum Beispiel beim Gleichungssystem

$$\begin{aligned} 4x + 3y &= 23 \\ 9x - 3y &= 3 \end{aligned}$$

Wir überlegen:

Wenn $4x + 3y$ genau so groß ist wie 23,

und wenn $9x - 3y$ genau so groß ist wie 3,

dann ist $(4x+3y)+(9x-3y)$ genau so groß wie $23+3$.

Wenn wir also sowohl die beiden linken Seiten, als auch die beiden rechten Seiten der beiden gegebenen Gleichungen addieren, erhalten wir die neue Gleichung

$$(4x+3y)+(9x-3y)=23+3.$$

Und wenn wir etwas genauer hinsehen, dann erkennen wir, daß diese Gleichung nur noch die Unbekannte x enthält, denn $+3y$ und $-3y$ heben sich gegenseitig auf.

Es ergibt sich:

$$\begin{aligned} 4x+3y+9x-3y&=26 \\ 13x&=26 \\ \underline{x}&\underline{=\ 2} \end{aligned}$$

Den so erhaltenen x-Wert setzen wir nun in eine der beiden gegebenen Gleichungen ein.

Entweder in die 1. Gleichung	oder in die 2. Gleichung
$4\cdot 2+3y=23$	$9\cdot 2-3y=\ 3$
$8+3y=23$	$18-3y=\ 3$
$3y=15$	$3y=15$
$y=\ 5$	$y=\ 5$

In beiden Fällen erhalten wir denselben y-Wert.

Damit haben wir nun die Lösungsmenge des gegebenen Gleichungssystems. Sie enthält das Zahlenpaar (2; 5):

$$L=\{(2;\ 5)\}$$

Und so sieht unser Verfahren in Kurzform aus:

1. Schritt: Wir addieren die beiden linken Seiten und die beiden rechten Seiten.	$+\left\{\begin{array}{r} 4x+3y=23 \\ 9x-3y=\ \ 3 \end{array}\right\}+$ $\overline{(4x+3y)+(9x-3y)=23+3}$ $13x=26$
2. Schritt: Wir berechnen x.	$13x=26 \quad \Vert :13$ $x=2$
3. Schritt: Wir setzen den erhaltenen x-Wert in die erste Gleichung ein und berechnen y.	$4\cdot 2+3y=23$ $8+3y=23 \quad \Vert -8$ $3y=15 \quad \Vert :3$ $y=5$
4. Schritt: Wir schreiben die Lösungsmenge auf.	$L=\{(2;5)\}$
5. Schritt: Wir machen die Probe.	I. $4\cdot 2+3\cdot 5=8+15=23$ stimmt! II. $9\cdot 2-3\cdot 5=18-15=3$ stimmt!

Weil wir auf dem Weg zur Lösungsmenge die beiden gegebenen Gleichungen addiert haben, bezeichnet man dieses Verfahren als *Additionsverfahren.*

Weitere Beispiele:

1. Beispiel:

Gesucht ist die Lösungsmenge des Gleichungssystems

$$\begin{array}{ll} \text{I.} & 2x-5y=8 \\ \text{II.} & -2x+11y=4 \end{array}$$

1. Schritt: Die beiden linken Seiten addieren und die beiden rechten Seiten.	$+\left\{\begin{array}{r} 2x-5y=8 \\ -2x+11y=4 \end{array}\right\}+$ $\overline{(2x-5y)+(-2x+11y)=8+4}$ $2x-5y-2x+11y=12$ $6y=12$
2. Schritt: y berechnen.	$6y=12 \quad \Vert :6$ $y=2$

3. Schritt: y-Wert in die erste Gleichung einsetzen und x berechnen.	$2x-5\cdot 2=8$ $2x-10=8 \quad \Vert +10$ $2x=18 \quad \Vert :2$ $x=9$
4. Schritt: Lösungsmenge aufschreiben.	$L=\{(9;2)\}$
5. Schritt: Probe.	I. $2\cdot 9-5\cdot 2=18-10=8$ stimmt! II. $-2\cdot 9+11\cdot 2=-18+22=4$ stimmt!

2. Beispiel:

Bestimmt werden soll die Lösungsmenge des Gleichungssystems

$$\begin{array}{ll} \text{I.} & -2x+5y=15{,}5 \\ \text{II.} & 8x-5y=-24{,}5 \end{array}$$

1. Schritt: Die beiden linken Seiten und die beiden rechten Seiten addieren.	$+\begin{cases} -2x+5y=15{,}5 \\ 8x-5y=-24{,}5 \end{cases} +$ $(-2x+5y)+(8x-5y)=15{,}5+(-24{,}5)$ $6x=-9$
2. Schritt: x berechnen.	$6x=-9 \quad \Vert :6$ $x=-\frac{9}{6}$ $x=-1{,}5$
3. Schritt: x-Wert in die erste Gleichung einsetzen und y berechnen.	$-2\cdot(-1{,}5)+5y=15{,}5$ $3+5y=15{,}5 \quad \Vert -3$ $5y=12{,}5 \quad \Vert :5$ $y=2{,}5$
4. Schritt: Lösungsmenge aufschreiben.	$L=\{(-1{,}5;2{,}5)\}$
5. Schritt: Probe.	I. $-2\cdot(-1{,}5)+5\cdot 2{,}5=3+12{,}5=15{,}5$ stimmt! II. $8\cdot(-1{,}5)-5\cdot 2{,}5=-12-12{,}5=-24{,}5$ stimmt!

Aufgabe 4: Bestimme ebenso die Lösungsmengen der folgenden Gleichungssysteme.

a) $\begin{array}{rl} \text{I.} & 5x+3y=44 \\ \text{II.} & 7x-3y=40 \end{array}$

b) $\begin{array}{rl} \text{I.} & 4x+5y=17 \\ \text{II.} & x-5y=-27 \end{array}$

c) $\begin{array}{rl} \text{I.} & 4{,}4x-1{,}2y=22 \\ \text{II.} & 3{,}6x+1{,}2y=18 \end{array}$

d) $\begin{array}{rl} \text{I.} & 15x+12y=0 \\ \text{II.} & -15x-5y=105 \end{array}$

e) $\begin{array}{rl} \text{I.} & -7x+12y=17{,}1 \\ \text{II.} & 7x-3y=3{,}6 \end{array}$

f) $\begin{array}{rl} \text{I.} & 5x+y=6 \\ \text{II.} & 12x-y=11 \end{array}$

g) $\begin{array}{rl} \text{I.} & 1{,}2x-1{,}4y=0{,}6 \\ \text{II.} & -1{,}2x+3{,}6y=6 \end{array}$

h) $\begin{array}{rl} \text{I.} & 15x+2y=7 \\ \text{II.} & -20x-2y=-11 \end{array}$

i) $\begin{array}{rl} \text{I.} & 2{,}2x+3y=30 \\ \text{II.} & -2{,}2x+8y=-16{,}8 \end{array}$

k) $\begin{array}{rl} \text{I.} & 8x+5y=25 \\ \text{II.} & -11x-5y=-100 \end{array}$

l) $\begin{array}{rl} \text{I.} & -3x+2y=-9 \\ \text{II.} & 3x+7y=36 \end{array}$

m) $\begin{array}{rl} \text{I.} & x+3y=20 \\ \text{II.} & -x+5y=-12 \end{array}$

n) $\begin{array}{rl} \text{I.} & 3x+4y=24 \\ \text{II.} & -7x-4y=24 \end{array}$

o) $\begin{array}{rl} \text{I.} & 22x-25y=16 \\ \text{II.} & 13x+25y=89 \end{array}$

p) $\begin{array}{rl} \text{I.} & 5{,}4x+2{,}3y=10 \\ \text{II.} & 7{,}4x-2{,}3y=2{,}8 \end{array}$

Der Erfolg des Additionsverfahrens liegt darin, daß beim Addieren der Gleichungen eine der beiden Unbekannten wegfällt. Bei dem folgenden Gleichungssystem ist das leider nicht der Fall:

$$\begin{array}{rl} \text{I.} & 5x-6y=30 \\ \text{II.} & 3x+2y=46 \end{array}$$

Wenn wir diese beiden Gleichungen addieren, ergibt sich

$$(5x-6y)+(3x+2y)=30+46$$

bzw.

$$8x-4y=76$$

Und diese Gleichung enthält immer noch beide Unbekannte. Sie führt uns also auf dem Weg zur Lösungsmenge keinen Schritt weiter.

Einen Schritt näher zum Ziel kommen wir aber, wenn wir beide Seiten der zweiten Gleichung mit 3 multiplizieren. Das gegebene Gleichungssystem sieht dann so aus:

$$\begin{array}{l} 5x-6y=30 \\ 9x+6y=138 \end{array}$$

Zwar hat sich nun die Form des Gleichungssystems geändert, nicht aber seine Lösungsmenge.

Wir können es nun auf dem gewohnten Weg lösen.

1. Schritt: Addition beider Gleichungen.	$+\begin{cases} 5x-6y=30 \\ 9x+6y=138 \end{cases}+$ $(5x-6y)+(9x+6y)=30+138$
2. Schritt: Auflösen nach x.	$14x=168 \quad \Vert :14$ $x=12$
3. Schritt: x-Wert in die erste Gleichung einsetzen und y berechnen.	$5\cdot 12-6y=30$ $60-6y=30 \quad \Vert -30+6y$ $30=6y \quad \Vert :6$ $5=y$
4. Schritt: Lösungsmenge.	$L=\{(12;5)\}$
5. Schritt: Probe. Achtung! Die Probe der 2. Gleichung muß an ihrer ursprünglichen Form vorgenommen werden!!	I. $5\cdot 12-6\cdot 5=60-30=30$ stimmt! II. $3\cdot 12+2\cdot 5=36+10=46$ stimmt!

Weitere Beispiele:

1. Beispiel:

Die Lösungsmenge des folgenden Gleichungssystems soll bestimmt werden:

$$\text{I. } 2x+3y=11$$
$$\text{II. } 8x-2y=2$$

1. Schritt: Beide Seiten der ersten Gleichung mit (−4) multiplizieren.	$2x+3y=11 \quad \Vert \cdot(-4)$ $8x-2y=2$
2. Schritt: Die beiden so erhaltenen Gleichungen addieren.	$+\begin{cases} -8x-12y=-44 \\ 8x-2y=2 \end{cases}+$ $(-8x-12y)+(8x-2y)=-44+2$
3. Schritt: Auflösen nach y.	$-14y=-42 \quad \Vert :(-14)$ $y=3$

4. Schritt: y-Wert in die erste Gleichung einsetzen und x berechnen.	$2x+3\cdot 3=11$ $2x+9=11 \quad \Vert -9$ $2x=2 \quad \Vert :2$ $x=1$
5. Schritt: Lösungsmenge.	$L=\{(1;3)\}$
6. Schritt: Probe am gegebenen Gleichungssystem.	I. $2\cdot 1+3\cdot 3=2+9=11$ stimmt! II. $8\cdot 1-2\cdot 3=8-6=2$ stimmt!

2. Beispiel:

Bestimmt werden soll die Lösungsmenge des Gleichungssystems

$$\begin{array}{ll} \text{I.} & 7{,}5x+4{,}5y=13{,}5 \\ \text{II.} & 3{,}2x-0{,}5y=10{,}6 \end{array}$$

1. Schritt: Beide Seiten der zweiten Gleichung mit 9 multiplizieren.	$7{,}5x+4{,}5y=13{,}5$ $3{,}2x-0{,}5y=10{,}6 \quad \Vert \cdot 9$
2. Schritt: Gleichungen addieren.	$+\left\{\begin{array}{r} 7{,}5x+4{,}5y=13{,}5 \\ 28{,}8x-4{,}5y=95{,}4 \end{array}\right\}+$ $(7{,}5x+4{,}5y)+(28{,}8x-4{,}5y)=13{,}5+95{,}4$
3. Schritt: Nach x auflösen.	$36{,}3x=108{,}9 \quad \Vert :36{,}3$ $x=3$
4. Schritt: x-Wert in die erste Gleichung einsetzen und y berechnen.	$7{,}5\cdot 3+4{,}5y=13{,}5$ $22{,}5+4{,}5y=13{,}5 \quad \Vert -22{,}5$ $4{,}5y=-9 \quad \Vert :4{,}5$ $y=-2$
5. Schritt: Lösungsmenge.	$L=\{(3;-2)\}$
6. Schritt: Probe an den gegebenen Gleichungen.	I. $7{,}5\cdot 3+4{,}5\cdot(-2)=22{,}5-9=13{,}5$ stimmt! II. $3{,}2\cdot 3-0{,}5\cdot(-2)=9{,}6+1=10{,}6$ stimmt!

Aufgabe 5: Bestimme ebenso die Lösungsmengen der folgenden Gleichungssysteme.

a) $\begin{array}{ll} \text{I.} & 2x+5y=2 \\ \text{II.} & 3x-15y=48 \end{array}$

b) $\begin{array}{ll} \text{I.} & 4x-3y=29 \\ \text{II.} & 12x+11y=27 \end{array}$

c) $\begin{array}{ll} \text{I.} & 12x+3y=-15 \\ \text{II.} & 4x+5y=23 \end{array}$

d) $\begin{array}{ll} \text{I.} & 5x-6y=10 \\ \text{II.} & -9x+2y=26 \end{array}$

e) $\begin{array}{ll} \text{I.} & 3x+8y=63 \\ \text{II.} & 5x+32y=105 \end{array}$

f) $\begin{array}{ll} \text{I.} & 5x+y=50 \\ \text{II.} & x+5y=130 \end{array}$

g) $\begin{array}{ll} \text{I.} & 3{,}4x+1{,}2y=3{,}2 \\ \text{II.} & 4{,}5x-4{,}8y=23{,}4 \end{array}$

h) $\begin{array}{ll} \text{I.} & 2{,}5x+1{,}4y=0{,}5 \\ \text{II.} & 5{,}5x+7y=10{,}9 \end{array}$

i) $\begin{array}{ll} \text{I.} & 19x+4y=18 \\ \text{II.} & 3x-y=11 \end{array}$

k) $\begin{array}{ll} \text{I.} & 0{,}3x+1{,}3y=-5{,}9 \\ \text{II.} & 1{,}2x-0{,}5y=4{,}9 \end{array}$

l) $\begin{array}{ll} \text{I.} & 41x+21y=-23 \\ \text{II.} & 241x+84y=62 \end{array}$

m) $\begin{array}{ll} \text{I.} & 9x-12y=195 \\ \text{II.} & 45x-84y=375 \end{array}$

n) $\begin{array}{ll} \text{I.} & 6x+5y=37{,}5 \\ \text{II.} & 1{,}2x-0{,}2y=16{,}5 \end{array}$

o) $\begin{array}{ll} \text{I.} & 12{,}8x-3{,}4y=111{,}4 \\ \text{II.} & -3{,}2x+10{,}2y=299{,}4 \end{array}$

Das Additionsverfahren hat immer nur dann Erfolg, wenn erreicht werden kann, daß beim Addieren der Gleichungen eine der beiden Unbekannten wegfällt.

Dafür gibt es zwei Möglichkeiten

Die Unbekannte y fällt weg, wenn sich die y-Glieder der beiden Gleichungen *nur durch ihr Vorzeichen* unterscheiden.

Z.B. $\begin{array}{l} 3x+5y=18 \\ 8x-5y=-2 \end{array}$

oder $\begin{array}{l} x-2y=1 \\ 3x+2y=7 \end{array}$

Die Unbekannte x fällt weg, wenn sich die x-Glieder der beiden Gleichungen *nur durch ihr Vorzeichen* unterscheiden.

Z.B. $\begin{array}{l} 7x-3y=8 \\ -7x+5y=10 \end{array}$

oder $\begin{array}{l} -5x-4y=1 \\ 5x-7y=-12 \end{array}$

Um zu einer dieser beiden Möglichkeiten zu gelangen, genügte es bisher stets, *nur eine* der beiden Gleichungen des gegebenen Gleichungssystems umzuformen.

Anders ist das beim Gleichungssystem

$$\begin{array}{ll} \text{I.} & 5x-3y=9 \\ \text{II.} & 4x+2y=38 \end{array}$$

Hier müssen *beide Gleichungen* umgeformt werden, wenn man erreichen will, daß beim Addieren eine der beiden Unbekannten wegfällt.

Dabei gibt es wiederum zwei Möglichkeiten

Die Unbekannte y fällt weg, wenn wir beide Seiten der ersten Gleichung mit 2 und beide Seiten der zweiten Gleichung mit 3 malnehmen:

$$\begin{aligned} 5x-3y &= 9 \quad \| \cdot 2 \\ 4x+2y &= 38 \quad \| \cdot 3 \end{aligned}$$

$$+\begin{cases} 10x-6y = 18 \\ 12x+6y = 114 \end{cases}+$$

$$\begin{aligned} 22x &= 132 \quad \| : 22 \\ \underline{x} &\underline{= 6} \end{aligned}$$

Die Unbekannte x fällt weg, wenn wir beide Seiten der ersten Gleichung mit (-4) und beide Seiten der zweiten Gleichung mit 5 malnehmen:

$$\begin{aligned} 5x-3y &= 9 \quad \| \cdot (-4) \\ 4x+2y &= 38 \quad \| \cdot 5 \end{aligned}$$

$$+\begin{cases} -20x+12y = -36 \\ 20x+10y = 190 \end{cases}+$$

$$\begin{aligned} 22y &= 154 \quad \| : 22 \\ \underline{y} &\underline{= 7} \end{aligned}$$

Und damit haben wir nun die gesuchte Lösungsmenge gefunden:

$$L = \{(6; 7)\}$$

Die Probe zeigt, daß wir erfolgreich waren:

I. $5 \cdot 6 - 3 \cdot 7 = 30 - 21 = 9$ stimmt!
II. $4 \cdot 6 + 2 \cdot 7 = 24 + 14 = 38$ stimmt!

Weitere Beispiele

1. Beispiel:

Gesucht ist die Lösungsmenge des Gleichungssystems

$$\begin{array}{ll} \text{I.} & 5x-7y=39 \\ \text{II.} & 8x+3y=34 \end{array}$$

1. Fall:
y soll wegfallen.

$$\begin{array}{rcll} 5x-7y & = & 39 & \| \cdot 3 \\ 8x+3y & = & 34 & \| \cdot 7 \\ \hline + \left\{ \begin{array}{r} 15x-21y \\ 56x+21y \end{array} \right. & \begin{array}{c} = \\ = \end{array} & \left. \begin{array}{r} 117 \\ 238 \end{array} \right\} + & \\ \hline 71x & = & 355 & \| : 71 \\ & & \underline{x=5} & \end{array}$$

2. Fall:
x soll wegfallen.

$$\begin{array}{rcll} 5x-7y & = & 39 & \| \cdot (-8) \\ 8x+3y & = & 34 & \| \cdot 5 \\ \hline + \left\{ \begin{array}{r} -40x+56y \\ 40x+15y \end{array} \right. & \begin{array}{c} = \\ = \end{array} & \left. \begin{array}{r} -312 \\ 170 \end{array} \right\} + & \\ \hline 71y & = & -142 & \| : 71 \\ & & \underline{y=-2} & \end{array}$$

$$L=\{(5;\ -2)\}$$

Probe:

$$\begin{array}{lll} \text{I.} & 5\cdot 5-7\cdot(-2)=25+14=39 & \text{stimmt!} \\ \text{II.} & 8\cdot 5+3\cdot(-2)=40-\ 6=34 & \text{stimmt!} \end{array}$$

2. Beispiel:

Gesucht ist die Lösungsmenge des Gleichungssystems

$$\begin{array}{ll} \text{I.} & 2{,}2x-1{,}4y=-2 \\ \text{II.} & 1{,}5x+0{,}9y=\ \ 4{,}2 \end{array}$$

1. Fall:
y soll wegfallen.

$$\begin{array}{rcll} 2{,}2x-1{,}4y & = & -2 & \| \cdot 0{,}9 \\ 1{,}5x+0{,}9y & = & 4{,}2 & \| \cdot 1{,}4 \\ \hline + \left\{ \begin{array}{r} 1{,}98x-1{,}26y \\ 2{,}1\ x+1{,}26y \end{array} \right. & \begin{array}{c} = \\ = \end{array} & \left. \begin{array}{r} -1{,}8 \\ 5{,}88 \end{array} \right\} + & \\ \hline 4{,}08x & = & 4{,}08 & \| : 4{,}08 \\ & & \underline{x=1} & \end{array}$$

2. Fall:
x soll wegfallen.

$$\begin{array}{rcll} 2{,}2x-1{,}4y & = & -2 & \| \cdot (-1{,}5) \\ 1{,}5x+0{,}9y & = & 4{,}2 & \| \cdot 2{,}2 \\ \hline \left\{ \begin{array}{r} -3{,}3x+2{,}1y \\ 3{,}3x+1{,}98y \end{array} \right. & \begin{array}{c} = \\ = \end{array} & \left. \begin{array}{r} 3 \\ 9{,}24 \end{array} \right\} + & \\ \hline 4{,}08y & = & 12{,}24 & \| : 4{,}08 \\ & & \underline{y=\ 3} & \end{array}$$

$$L=\{(1;\ 3)\}$$

Probe:

$$\begin{array}{lll} \text{I.} & 2{,}2\cdot 1-1{,}4\cdot 3=2{,}2-4{,}2=-2 & \text{stimmt!} \\ \text{II.} & 1{,}5\cdot 1+0{,}9\cdot 3=1{,}5+2{,}7=\ \ 4{,}2 & \text{stimmt!} \end{array}$$

Aufgabe 6: Bestimme ebenso die Lösungsmengen der folgenden Gleichungssysteme.

a) I. $3x-2y=11$ II. $2x+3y=16$	b) I. $8x-3y=100$ II. $7x+4y=167$	c) I. $5x+8y=47$ II. $4x-3y=0$
d) I. $-7x+9y=6$ II. $11x-12y=12$	e) I. $5x-8y=4$ II. $3x+5y=71$	f) I. $3x+17y=5$ II. $2x-5y=36$
g) I. $2x-5y=-1$ II. $5x-8y=11$	h) I. $1{,}1x+1{,}2y=9{,}1$ II. $2{,}1x+0{,}5y=12$	i) I. $6x-5y=42$ II. $5x+3y=-8$
k) I. $1{,}5x+4{,}2y=96$ II. $8x-3y=4$	l) I. $7x-8y=0$ II. $8x-9y=2$	m) I. $3x-2y=45$ II. $7x+15y=46$
n) I. $7x-5y=15$ II. $-5x+7y=3$	o) I. $5x-3y=46$ II. $0{,}5x+0{,}7y=17{,}6$	p) I. $2x-1{,}5y=4{,}5$ II. $1{,}2x+0{,}9y=4{,}5$

In den meisten Fällen kommt man mit weniger Arbeit zum Ziel, wenn man *nur eine* der beiden Unbekannten durch Addition der beiden Gleichungen berechnet. Den so erhaltenen Wert setzt man dann in eine der beiden gegebenen Gleichungen ein und berechnet die andere Unbekannte.

1. Beispiel:

Bestimmt werden soll die Lösungsmenge des Gleichungssystems

$$\begin{aligned} \text{I.}\quad 7x-4y&=47 \\ \text{II.}\quad 5x+7y&=4 \end{aligned}$$

1. Schritt: Wir berechnen x mit Hilfe des Additionsverfahrens.	$7x-4y=47 \quad \Vert \cdot 7$ $5x+7y=4 \quad \Vert \cdot 4$ $+\begin{cases} 49x-28y=329 \\ 20x+28y=16 \end{cases} +$ $69x=345 \quad \Vert :69$ $\underline{x=5}$
2. Schritt: Wir setzen den so erhaltenen x-Wert in die zweite Gleichung ein und berechnen y.	$5\cdot 5+7y=4$ $25+7y=4 \quad \Vert -25$ $7y=-21 \quad \Vert :7$ $\underline{y=-3}$

3. Schritt: Lösungsmenge.	$L=\{(5;\ -3)\}$
4. Schritt: Probe.	I. $7\cdot 5-4\cdot(-3)=35+12=47$ stimmt! II. $5\cdot 5+7\cdot(-3)=25-21=\ 4$ stimmt!

2. Beispiel:

Gesucht ist die Lösungsmenge des Gleichungssystems

$$\begin{array}{ll} \text{I.} & 3x+7y=12 \\ \text{II.} & -5x+4y=27 \end{array}$$

1. Schritt: Wir berechnen y mit Hilfe des Additionsverfahrens.	$\begin{array}{rl} 3x+\ 7y=12 & \Vert\cdot 5 \\ -5x+\ 4y=27 & \Vert\cdot 3 \\ \hline +\begin{cases} 15x+35y=60 \\ -15x+12y=81 \end{cases}+ & \\ \hline 47y=141 & \Vert:47 \\ \underline{y=3} & \end{array}$
2. Schritt: Wir setzen den so erhaltenen y-Wert in die erste Gleichung ein und berechnen x.	$\begin{array}{rl} 3x+7\cdot 3=\ 12 & \\ 3x+21=\ 12 & \Vert -21 \\ 3x=-9 & \Vert:3 \\ \underline{x=-3} & \end{array}$
3. Schritt: Lösungsmenge.	$L=\{(-3;\ 3)\}$
4. Schritt: Probe.	I. $3\cdot(-3)+7\cdot 3=-9+21=12$ stimmt! II. $-5\cdot(-3)+4\cdot 3=\ 15+12=27$ stimmt!

Aufgabe 7: Berechne ebenso die Lösungsmengen der folgenden Gleichungssysteme.

a) $\begin{array}{ll} \text{I.} & 5x-4y=67 \\ \text{II.} & 13x+7y=35 \end{array}$

b) $\begin{array}{ll} \text{I.} & 5x-6y=18 \\ \text{II.} & -11x+7y=41 \end{array}$

c) $\begin{array}{ll} \text{I.} & 12x+13y=\ 9 \\ \text{II.} & 13x+12y=-9 \end{array}$

d) $\begin{array}{ll} \text{I.} & 16x-6y=-1 \\ \text{II.} & 11x+7y=\ 16 \end{array}$

e) I. $22x+25y=49$
II. $-53x+7y=487$

f) I. $5x-3y=16$
II. $3x+5y=166$

g) I. $17x-12y=5$
II. $-15x+11y=10$

h) I. $7x+6y=60$
II. $26x-7y=12$

i) I. $12{,}4x+3{,}2y=60{,}8$
II. $5{,}2x-1{,}1y=54{,}8$

Häufig kann man sich die Arbeit beim Lösen von Gleichungssystemen mit zwei Unbekannten erheblich erleichtern, wenn man sich an das *kleinste gemeinsame Vielfache* zweier Zahlen erinnert.

Beispiel:
Die Vielfachen von 6 sind: 6, 12, 18, 24, 30, 36, 42, 48, 54, 60, 66, 72 …
Die Vielfachen von 8 sind: 8, 16, 24, 32, 40, 48, 56, 64, 72, 80, 88, 96 …
Die gemeinsamen Vielfachen von 6 und 8 sind: 24, 48, 72, 96 …

Das *kleinste gemeinsame Vielfache* von 6 und 8 ist 24.
Man schreibt dafür: kgV(6; 8) = 24

Weitere Beispiele für kleinste gemeinsame Vielfache zweier Zahlen:

kgV(6; 9) = 18
kgV(4; 6) = 12
kgV(12; 18) = 36
kgV(9; 18) = 18
kgV(24; 36) = 72

Wie man über das kleinste gemeinsame Vielfache leichter zum Ziel kommt, zeigen dir die folgenden Beispiele.

1. Beispiel:

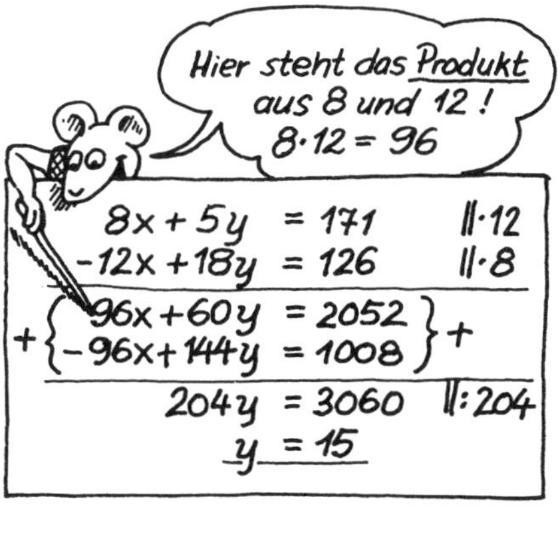

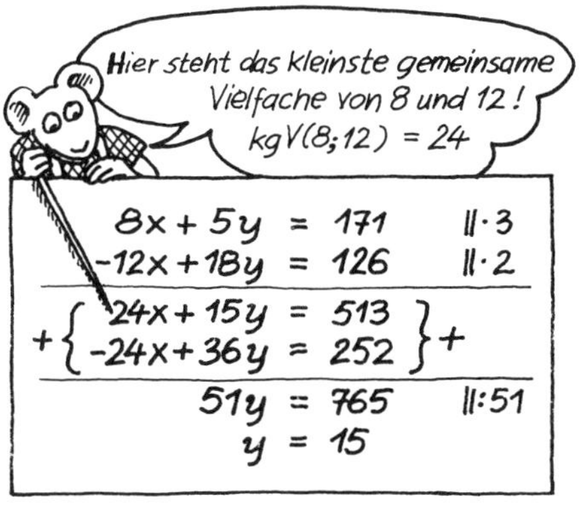

2. Beispiel:

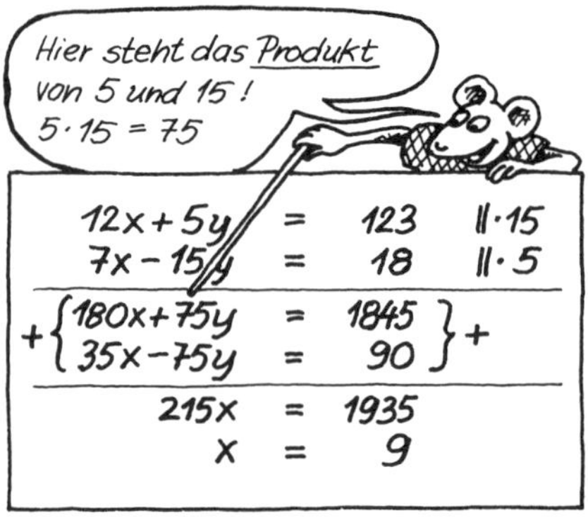

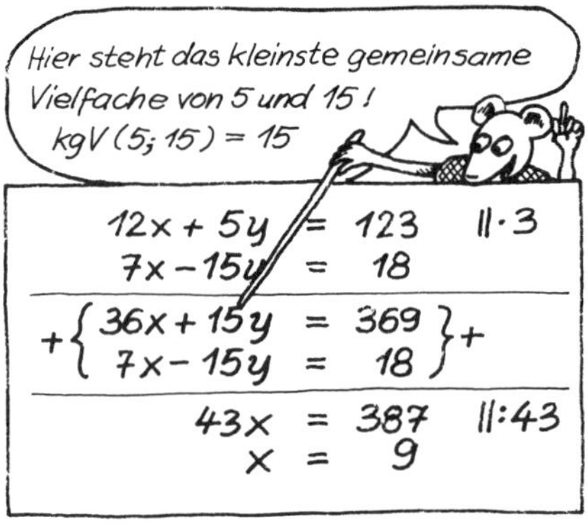

Aus den beiden Beispielen, in denen jeweils zwei Lösungswege einander gegenübergestellt wurden, erkennt man:
Unter Verwendung des kleinsten gemeinsamen Vielfachen treten auf dem Lösungswege kleinere Zahlen auf. Rechenarbeit und Fehlermöglichkeiten werden dadurch verringert.

Weitere Beispiele:

1. Beispiel:

Gesucht ist die Lösungsmenge des Gleichungssystems

$$\begin{aligned} \text{I.}\quad 3x+14y&=48\\ \text{II.}\quad 8x+49y&=159{,}5 \end{aligned}$$

1. Schritt: Wir berechnen x mit Hilfe des Additionsverfahrens unter Berücksichtigung der Tatsache, daß kgV(14; 49) = 98.	$3x+14y=48 \quad \| \cdot 7$ $8x+49y=159{,}5 \quad \| \cdot(-2)$ $+\begin{cases} 21x+98y=336\\ -16x-98y=319 \end{cases}+$ $5x = 17 \quad \| :5$ $\underline{x=3{,}4}$
2. Schritt: Wir setzen den erhaltenen x-Wert in die erste Gleichung ein und berechnen y.	$3\cdot 3{,}4+14y=48$ $10{,}2+14y=48 \quad \| -10{,}2$ $14y=37{,}8 \quad \| :14$ $\underline{y=2{,}7}$

3. Schritt: Lösungsmenge.	$L=\{(3{,}4;\ 2{,}7)\}$
4. Schritt: Probe.	I. $3\cdot 3{,}4+14\cdot 2{,}7=10{,}2+37{,}8=48$ stimmt! II. $8\cdot 3{,}4+49\cdot 2{,}7=27{,}2+132{,}3=159{,}5$ stimmt!

2. Beispiel:

Gesucht ist die Lösungsmenge des Gleichungssystems

$$\begin{array}{ll} \text{I.} & 15x+35y=77 \\ \text{II.} & 12x+28y=65 \end{array}$$

1. Schritt: Wir setzen das Additionsverfahren an unter Berücksichtigung der Tatsache, daß kgV(12; 15) = 60.	$\begin{array}{rl} 15x+35y=77 & \Vert\cdot 4 \\ 12x+28y=65 & \Vert\cdot(-5) \\ \hline \left\{\begin{array}{r} 60x+140y=308 \\ -60x-140y=-325 \end{array}\right\} & \\ \hline 0=-17 & \text{Widerspruch!} \end{array}$

Das Additionsverfahren führt auf die falsche Aussage $0=-17$. Das bedeutet: Es gibt kein Zahlenpaar, welches das gegebene Gleichungssystem erfüllt. Die Lösungsmenge ist leer. Beim Versuch, die Aufgabe zeichnerisch zu lösen, würden wir zwei parallele Geraden erhalten.
Ergebnis: $L=\{\ \}$

3. Beispiel:

Gesucht ist die Lösungsmenge des Gleichungssystems

$$\begin{array}{ll} \text{I.} & 12x+28y=72 \\ \text{II.} & 21x+49y=126 \end{array}$$

1. Schritt: Wir setzen das Additionsverfahren an unter Berücksichtigung der Tatsache, daß kgV(12; 21) = 84	$\begin{array}{rl} 12x+28y=72 & \Vert\cdot 7 \\ 21x+49y=126 & \Vert\cdot(-4) \\ \hline +\left\{\begin{array}{r} 84x+196y=504 \\ -84x-196y=-504 \end{array}\right\}+ & \\ \hline 0=0 & \end{array}$

Das Additionsverfahren führt auf die wahre Aussage 0=0. Die Ursache dafür erkennen wir, wenn wir die beiden Gleichungen des gegebenen Gleichungssystems nach y auflösen. Wir erhalten:

$$\begin{aligned} 12x+28y&=72 \quad \| : 4 \\ 3x+7y&=18 \quad \| -3x \\ 7y&=-3x+18 \quad \| : 7 \\ y&=-\tfrac{3}{7}x+\tfrac{18}{7} \end{aligned} \qquad \begin{aligned} 21x+49y&=126 \quad \| : 7 \\ 3x+7y&=18 \quad \| -3x \\ 7y&=-3x+18 \quad \| : 7 \\ y&=-\tfrac{3}{7}x+\tfrac{18}{7} \end{aligned}$$

Beide Gleichungen des gegebenen Gleichungssystems führen auf

$$y=-\frac{3}{7}x+\frac{18}{7}$$

Sie stellen somit zwei verschiedene Formen ein und derselben Gleichung dar.

Daraus folgt:
Alle Zahlenpaare (x; y), für die gilt $y=-\frac{3}{7}x+\frac{18}{7}$ erfüllen *beide* Gleichungen und gehören deshalb in die Lösungsmenge.

Wir schreiben dafür: $L=\left\{(x;y) \,\middle|\, y=-\frac{3}{7}x+\frac{18}{7}\right\}$

Aufgabe 8: Bestimme auf möglichst einfachem Wege die Lösungsmengen der folgenden Gleichungssysteme.

a) I. $7x+30y=51$
II. $11x+12y=45$

b) I. $15x+7y=36$
II. $10x-2y=4$

c) I. $12x+5y=49$
II. $-9x+14y=52$

d) I. $12x-7y=28$
II. $8x+5y=96$

e) I. $15x+11y=12$
II. $40x+26y=-8$

f) I. $21x+3y=48$
II. $15x+2y=32$

g) I. $28x+49y=122$
II. $12x+21y=98$

h) I. $8x+9y=-4$
II. $-20x-21y=28$

i) I. $16x+12y=-11$
II. $24x+9y=12{,}75$

k) I. $18x+42y=78$
II. $15x+35y=65$

l) I. $25x+24y=175$
II. $15x-13y=105$

m) I. $21x-24y=123$
II. $35x-40y=205$

n) I. $2{,}4x+1{,}5y=37{,}2$
II. $-1{,}8x+2y=9{,}6$

o) I. $15x+21y=9{,}9$
II. $-12x+28y=-57{,}2$

d) Das Determinantenverfahren

Es gibt noch ein besonders einfaches Verfahren zur Lösung linearer Gleichungssysteme. Es ist so einfach, daß man es sogar einem ganz gewöhnlichen Computer beibringen kann. Und trotzdem verzichten viele Lehrer darauf, dieses einfache Verfahren ihren Schülern beizubringen, obwohl die doch wahrlich viel schlauer sind als jeder Computer.

Woran mag das wohl liegen?
Sicher nicht daran, daß diese Lehrer ihren Schülern nicht wohlgesonnen sind.
Sicher auch nicht daran, daß diese Lehrer ihr Wissen für sich behalten wollen, wie seinerzeit im Mittelalter die Alchimisten. Ich nehme an, es liegt einzig und allein daran, daß diese Lehrer glauben, der Weg, der zu diesem Verfahren führt, sei für ihre Schüler viel zu schwer.
Ich glaube, daß dies ein Irrglaube ist.
Ich behaupte:
Jeder normal begabte Schüler kann diesen Weg gehen und verstehen. Und ich hoffe, daß ihr mich beim Beweis dieser Behauptung, den ich jetzt antreten will, nicht im Stich laßt.
Zuerst muß ich euch beibringen, was eine Determinante ist, und wie man sie berechnet.
Eine Determinante ist eine quadratische Anordnung von 4 Zahlen zwischen zwei senkrechten Strichen.

Beispiele für Determinanten sind

$$\begin{vmatrix} 6 & 7 \\ 5 & 8 \end{vmatrix} \text{ oder } \begin{vmatrix} (-7) & 5 \\ 6 & 0 \end{vmatrix} \text{ oder } \begin{vmatrix} (-5) & 4 \\ (-3) & 7 \end{vmatrix} \text{ oder } \begin{vmatrix} 8 & 5 \\ (-3) & (-2) \end{vmatrix}$$

Den Wert der Determinante $\begin{vmatrix} 6 & 7 \\ 5 & 8 \end{vmatrix}$ berechnet man folgendermaßen:

$$\begin{vmatrix} 6 & 7 \\ 5 & 8 \end{vmatrix} = \boxed{6 \cdot 8} - \boxed{5 \cdot 7} = 48 - 35 = \underline{13}$$

Weitere Beispiele:

$$\begin{vmatrix} (-7) & 5 \\ 6 & 0 \end{vmatrix} = \boxed{(-7) \cdot 0} - \boxed{6 \cdot 5} = 0 - 30 = \underline{-30}$$

$$\begin{vmatrix} (-5) & 4 \\ (-3) & 7 \end{vmatrix} = \boxed{(-5) \cdot 7} - \boxed{(-3) \cdot 4} = -35 - (-12) = -35 + 12 = \underline{-23}$$

Allgemein gilt für die Berechnung einer Determinante die folgende Vorschrift:

$$\begin{vmatrix} a & b \\ c & d \end{vmatrix} = \boxed{a \cdot d} - \boxed{c \cdot b}$$

Die Determinante $\begin{vmatrix} a & b \\ c & d \end{vmatrix}$ ist also eine andere Schreibweise für die Differenz $a \cdot d - c \cdot b$.

Aufgabe 9: Berechne die folgenden Determinanten:

a) $\begin{vmatrix} 3 & 7 \\ 5 & 2 \end{vmatrix}$ b) $\begin{vmatrix} 7 & 3 \\ 2 & 5 \end{vmatrix}$ c) $\begin{vmatrix} 4 & 3 \\ (-1) & 2 \end{vmatrix}$

d) $\begin{vmatrix} (-2) & 4 \\ 0 & (-6) \end{vmatrix}$ e) $\begin{vmatrix} 11 & 8 \\ 9 & 5 \end{vmatrix}$ f) $\begin{vmatrix} (-11) & (-8) \\ 9 & 5 \end{vmatrix}$

g) $\begin{vmatrix} (-11) & 8 \\ 9 & (-5) \end{vmatrix}$ h) $\begin{vmatrix} 11 & (-8) \\ 9 & (-5) \end{vmatrix}$ i) $\begin{vmatrix} 4 & 12 \\ 5 & 15 \end{vmatrix}$

k) $\begin{vmatrix} 13 & (-8) \\ 7 & 11 \end{vmatrix}$ l) $\begin{vmatrix} 25 & (-23) \\ 9 & 13 \end{vmatrix}$ m) $\begin{vmatrix} 11 & 16 \\ 7 & 15 \end{vmatrix}$

n) $\begin{vmatrix} 13 & 22 \\ 8 & 19 \end{vmatrix}$ o) $\begin{vmatrix} 11 & 3 \\ 13 & (-8) \end{vmatrix}$ p) $\begin{vmatrix} 25 & 42 \\ 8 & 14 \end{vmatrix}$

q) $\begin{vmatrix} 16 & 7 \\ 24 & 11 \end{vmatrix}$ r) $\begin{vmatrix} (-17) & 13 \\ (-4) & 9 \end{vmatrix}$ s) $\begin{vmatrix} 1 & -1 \\ 1 & 1 \end{vmatrix}$

t) $\begin{vmatrix} 45 & 0 \\ 23 & (-7) \end{vmatrix}$ u) $\begin{vmatrix} 22 & -25 \\ 13 & 25 \end{vmatrix}$ v) $\begin{vmatrix} 3 & 5 \\ 7 & 5 \end{vmatrix}$

w) $\begin{vmatrix} 2{,}3 & 5{,}4 \\ (-2{,}8) & 4{,}3 \end{vmatrix}$ x) $\begin{vmatrix} 2{,}4 & (-2{,}5) \\ 3{,}6 & 1 \end{vmatrix}$

Alle Gleichungssysteme, die wir bisher gelöst haben, hatten die Form

$$\begin{aligned} ax + by &= c \\ dx + ey &= f \end{aligned}$$

Dabei standen anstelle der Buchstaben a, b, c, d, e und f irgendwelche Zahlen.

1. Beispiel:

Setzt man $a=3$; $b=5$; $c=18$; $d=8$; $e=6$ und $f=2$, dann erhält man das Gleichungssystem

$$\begin{aligned} 3x + 5y &= 18 \\ 8x + 6y &= 2 \end{aligned}$$

2. Beispiel:

Mit $a=3$, $b=7$, $c=(-12)$, $d=5$, $e=(-4)$ und $f=27$ erhält man

$$\begin{aligned} 3x + 7y &= (-12) \\ 5x + (-4)y &= 27 \end{aligned} \quad \text{bzw.} \quad \begin{aligned} 3x + 7y &= -12 \\ 5x - 4y &= 27 \end{aligned}$$

Aufgabe 10: Wie lautet das zugehörige Gleichungssystem?

	a	b	c	d	e	f
I)	5	3	8	7	6	2
II)	2	−1	5	−3	4	0
III)	−4	0	7	3	−8	1
IV)	12	5	8	0	7	−2
V)	−3	2	11	8	−1	4
VI)	−1	1	1	1	−1	1
VII)	3,8	4,2	−1,5	2,7	−3,6	0
VIII)	−7,5	−0,8	4,3	8,7	−2	4,5
IX)	25	13	−7	48	−1	28

Im Gleichungssystem

$$\begin{aligned} 5x+3y &= 9 \\ 4x+2y &= 38 \end{aligned}$$

gilt: $a=5$, $b=3$, $c=9$, $d=4$, $e=2$ und $f=38$.

Weitere Beispiele:

1. Beispiel:

Das Gleichungssystem

$$\begin{aligned} 3x-4y &= 7 \\ -2x+3y &= -8 \end{aligned}$$

läßt sich schreiben in der Form

$$\begin{aligned} 3x+(-4)y &= 7 \\ (-2)x+3y &= (-8) \end{aligned}$$

und es gilt:

$a=3$, $b=(-4)$, $c=7$, $d=(-2)$, $e=3$ und $f=(-8)$

2. Beispiel:

Das Gleichungssystem

$$\begin{aligned} -2x-y &= 15 \\ x &= 23 \end{aligned}$$

läßt sich schreiben in der Form

$$\begin{aligned}(-2)x+(-1)y&=15\\ 1x+\quad 0y&=23\end{aligned}$$

und es gilt:

$a=(-2)$, $b=(-1)$, $c=15$, $d=1$, $e=0$ und $f=23$.

Aufgabe 11: Bestimme a, b, c, d, e und f in den folgenden Gleichungssystemen.

a) $\begin{aligned}7x+3y&=4\\ 6x+2y&=5\end{aligned}$	b) $\begin{aligned}4x-2y&=5\\ -2x+3y&=-6\end{aligned}$	c) $\begin{aligned}x+y&=3\\ 4x-y&=7\end{aligned}$
d) $\begin{aligned}-1{,}2x+3y&=-0{,}8\\ x+y&=1{,}3\end{aligned}$	e) $\begin{aligned}5x\quad&=12\\ 3x-2y&=15\end{aligned}$	f) $\begin{aligned}x-y&=4\\ 5y&=18\end{aligned}$
g) $\begin{aligned}-8x+4y&=11\\ x-7y&=0\end{aligned}$	h) $\begin{aligned}-x+3y&=0\\ 7x-4y&=-2\end{aligned}$	i) $\begin{aligned}3{,}8x-1{,}7y&=0{,}25\\ -4{,}3x+0{,}6y&=1\end{aligned}$

Wie man das Gleichungssystem

$$\begin{aligned}ax+by&=c\\ dx+ey&=f\end{aligned}$$

löst, wenn anstelle der Buchstaben a, b, c, d, e und f irgendwelche Zahlen stehen, das haben wir gelernt und auch hinreichend geübt. Jetzt wollen wir aber diese Buchstaben einmal *nicht* durch Zahlen ersetzen. Wir lassen sie dort stehen, wo sie stehen, und machen uns trotzdem daran, die Lösungsmenge zu bestimmen, und zwar nach dem Additionsverfahren.
Und damit wir die ungewohnte Rechnung „mit Buchstaben" verkraften, wollen wir parallel dazu auf gleiche Weise ein Gleichungssystem „mit Zahlen" lösen.

Beispiel	Allgemein
$7x+2y=20 \quad \| \cdot 5$	$ax+by=c \quad \| \cdot e$
$3x+5y=21 \quad \| \cdot (-2)$	$dx+ey=f \quad \| \cdot (-b)$
$\left\{\begin{aligned}35x+10y&=100\\ -6x-10y&=-42\end{aligned}\right\}$	$+\left\{\begin{aligned}aex+bey&=ce\\ -bdx-bey&=-bf\end{aligned}\right\}+$
$35x-6x=100-42$	$aex-bdx=ce-bf \quad \|$ x ausklammern!
$29x=58 \quad \| : 29$	$(ae-bd)\cdot x=ce-bf \quad \| : (ae-bd)$
$x=2$	$x=\frac{ce-bf}{ae-bd}$

Und nun halten wir erst einmal inne, um die in der rechten Spalte erhaltene Gleichung

$$x=\frac{ce-bf}{ae-bd}$$

etwas näher unter die Lupe zu nehmen.
Wenn wir diese Gleichung auswendig lernen würden, dann könnten wir von jetzt an den x-Wert eines jeden linearen Gleichungssystems praktisch im Kopf berechnen.

Hier der Beweis für diese Behauptung: Das *allgemeine* Gleichungssystem

$$\begin{aligned} ax+by&=c \\ dx+ey&=f \end{aligned}$$

geht in das *spezielle* Gleichungssystem

$$\begin{aligned} 7x+2y&=20 \\ 3x+5y&=21 \end{aligned}$$

über, wenn man $a=7$, $b=2$, $c=20$, $d=3$, $e=5$ und $f=21$ setzt.

Ebenso geht natürlich auch die *Lösung des allgemeinen Gleichungssystems*

$$x=\frac{c\cdot e-b\cdot f}{a\cdot e-b\cdot d}$$

in die *Lösung des speziellen Gleichungssystems* über, wenn man $a=7$, $b=2$, $c=20$, $d=3$, $e=5$ und $f=21$ setzt.
Damit ergibt sich

$$x=\frac{20\cdot 5-2\cdot 21}{7\cdot 5-2\cdot 3}$$

$$x=\frac{100-42}{35-6}$$

$$x=\frac{58}{29}$$

$$\underline{\underline{x=2}}$$

Und so sieht unser Gedankengang aus:

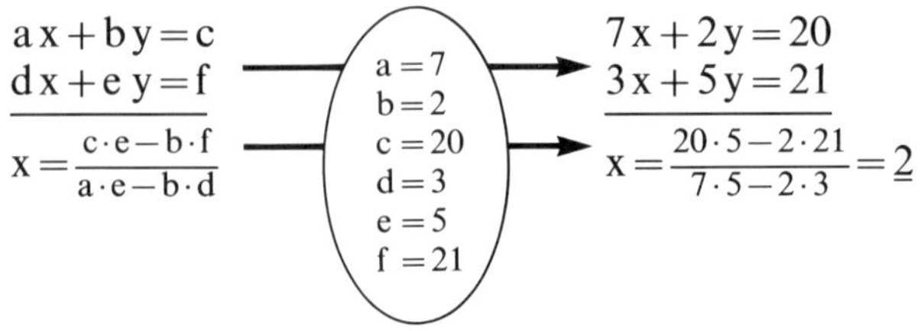

Weitere Beispiele:

1. Beispiel:

$$\begin{aligned} ax+by&=c\\ dx+ey&=f \end{aligned} \qquad x=\frac{c\cdot e-b\cdot f}{a\cdot e-b\cdot d}$$

a = 2, b = −3, c = 2, d = −5, e = 4, f = −12

$$\begin{aligned} 2x-3y&=2\\ -5x+4y&=-12 \end{aligned}$$

$$x=\frac{2\cdot 4-(-3)\cdot(-12)}{2\cdot 4-(-3)\cdot(-5)}=\frac{8-36}{8-15}=\frac{-28}{-7}=\underline{4}$$

2. Beispiel:

$$\begin{aligned} ax+by&=c\\ dx+ey&=f \end{aligned} \qquad x=\frac{c\cdot e-b\cdot f}{a\cdot e-b\cdot d}$$

a = 3, b = 1, c = 2, d = 1, e = −5, f = −2

$$\begin{aligned} 3x+y&=2\\ x-5y&=-2 \end{aligned}$$

$$x=\frac{2\cdot(-5)-1\cdot(-2)}{3\cdot(-5)-1\cdot 1}=\frac{-10+2}{-15-1}=\frac{-8}{-16}=\underline{\frac{1}{2}}$$

3. Beispiel:

$$\begin{aligned} ax+by&=c\\ dx+ey&=f \end{aligned} \qquad x=\frac{c\cdot e-b\cdot f}{a\cdot e-b\cdot d}$$

a = 3, b = 5, c = 22, d = 7, e = 8, f = 0

$$\begin{aligned} 3x+5y&=22\\ 7x+8y&=0 \end{aligned}$$

$$x=\frac{22\cdot 8-5\cdot 0}{3\cdot 8-5\cdot 7}=\frac{176}{24-35}=\frac{176}{-11}=\underline{-16}$$

Aufgabe 12: Fülle die Leerstellen aus und berechne x.

a)

$$\begin{aligned} ax+by&=c\\ dx+ey&=f \end{aligned} \qquad x=\frac{c\cdot e-b\cdot f}{a\cdot e-b\cdot d}$$

a =, b =, c =, d =, e =, f =

$$\begin{aligned} 3x+2y&=16\\ 5x+3y&=25 \end{aligned}$$

$$x=\frac{\square\cdot\square-\square\cdot\square}{\square\cdot\square-\square\cdot\square}$$

b)

$$\begin{aligned} ax+by&=c\\ dx+ey&=f \end{aligned} \qquad x=\frac{c\cdot e-b\cdot f}{a\cdot e-b\cdot d}$$

a =, b =, c =, d =, e =, f =

$$\begin{aligned} 5x-11y&=7\\ x+2y&=14 \end{aligned}$$

$$x=\frac{\square\cdot\square-\square\cdot\square}{\square\cdot\square-\square\cdot\square}$$

c) $\begin{aligned} ax+by&=c \\ dx+ey&=f \end{aligned}$ $\quad x=\frac{c\cdot e-b\cdot f}{a\cdot e-b\cdot d}$

a =
b =
c =
d =
e =
f =

$\begin{aligned} 3x+2y&=-6 \\ -5x-4y&=\ \ 0 \end{aligned}$ $\quad x=\frac{\square\cdot\square-\square\cdot\square}{\square\cdot\square-\square\cdot\square}$

d) $\begin{aligned} ax+by&=c \\ dx+ey&=f \end{aligned}$ $\quad x=\frac{c\cdot e-b\cdot f}{a\cdot e-b\cdot d}$

a =
b =
c =
d =
e =
f =

$\begin{aligned} 45x+28y&=30 \\ 14x-\ \ \ y&=155 \end{aligned}$ $\quad x=\frac{\square\cdot\square-\square\cdot\square}{\square\cdot\square-\square\cdot\square}$

e) $\begin{aligned} ax+by&=c \\ dx+ey&=f \end{aligned}$ $\quad x=\frac{c\cdot e-b\cdot f}{a\cdot e-b\cdot d}$

a =
b =
c =
d =
e =
f =

$\begin{aligned} 15x-48y&=0 \\ 13y&=195 \end{aligned}$ $\quad x=\frac{\square\cdot\square-\square\cdot\square}{\square\cdot\square-\square\cdot\square}$

Das eben eingeübte Verfahren zur Berechnung des x-Wertes eines Gleichungssystems mit zwei Unbekannten ist zwar sehr einfach, seine Anwendung wird aber zumeist daran scheitern, daß man die Lösungsformel

$$x=\frac{c\cdot e-b\cdot f}{a\cdot e-b\cdot d}$$

vergessen hat.

Diese Formel ist ja nun auch wahrlich nicht so gebaut, daß man sie sich leicht einprägen kann.
Wir machen uns deshalb jetzt einmal auf die Suche nach einer Möglichkeit, diese Lösungsformel in eine einprägsamere Form zu bringen.
Und diese Möglichkeit bieten die Determinanten.
Am Anfang dieses Abschnitts haben wir gelernt und geübt, wie man Determinanten berechnet, nämlich so:

$$\begin{vmatrix} a & b \\ c & d \end{vmatrix} = a\cdot d-b\cdot c$$

Die Determinante $\begin{vmatrix} a & b \\ c & d \end{vmatrix}$ ist also nichts anderes, als eine andere Schreibweise für die Differenz $a\cdot d-b\cdot c$.

Wenn wir uns nun einmal Zähler und Nenner der Lösungsformel

$$x = \frac{c \cdot e - b \cdot f}{a \cdot e - b \cdot d}$$

etwas genauer ansehen, dann erkennen wir, daß sich beide in Form von Determinanten schreiben lassen.

Der *Zähler*, also der Term *über* dem Bruchstrich, läßt sich in die Form

$$\begin{vmatrix} c & b \\ f & e \end{vmatrix}$$

bringen, denn

$$\begin{vmatrix} c & b \\ f & e \end{vmatrix} = c \cdot e - b \cdot f$$

Der *Nenner*, also der Term *unter* dem Bruchstrich, läßt sich in die Form

$$\begin{vmatrix} a & b \\ d & e \end{vmatrix}$$

bringen, denn:

$$\begin{vmatrix} a & b \\ d & e \end{vmatrix} = a \cdot e - b \cdot d$$

Damit können wir unsere Lösungsformel nun so schreiben:

$$x = \frac{\begin{vmatrix} c & b \\ f & e \end{vmatrix}}{\begin{vmatrix} a & b \\ d & e \end{vmatrix}}$$

Der Einwand liegt nahe, daß wir damit vom Regen in die Traufe gekommen sind. Wir entkräften ihn, indem wir einmal das Gleichungssystem und die Lösungsformel einander gegenüberstellen und durch einige Pfeile bestimmte Zusammenhänge verdeutlichen:

Das Gleichungssystem Die Lösungsformel

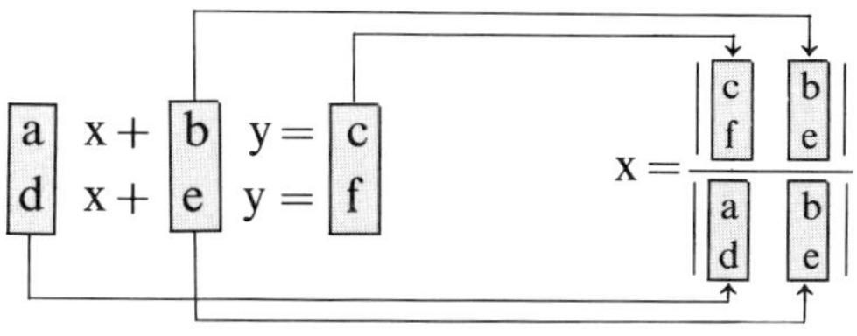

Die *Nennerdeterminante*, also die *unter* dem Bruchstrich stehende Determinante erhalten wir, wenn wir die links vom Gleichheitszeichen stehenden Zahlen genau so anordnen, wie sie im gegebenen Gleichungssystem stehen.

Die *Zählerdeterminante*, also die *über* dem Bruchstrich stehende Determinante erhalten wir, wenn wir in der Nennerdeterminante die ursprünglich vor x stehenden Zahlen durch die rechts vom Gleichheitszeichen stehenden Zahlen ersetzen.

Selbst wenn du diese beiden Sätze nicht sofort durchschaust, kannst du das in ihnen beschriebene Verfahren ohne Schwierigkeiten anwenden, wenn du dir die Pfeilbilder in den folgenden Beispielen einprägst:

1. Beispiel:

Gesucht ist die Lösungsmenge des Gleichungssystems

$$\begin{aligned} 3x+5y&=11 \\ 8x+2y&=18 \end{aligned}$$

1. Schritt: x mit dem Determinantenverfahren berechnen.	$\boxed{3}\,x+\boxed{5}\,y=\boxed{11}$ $\boxed{8}\,x+\boxed{2}\,y=\boxed{18}$ $x=\dfrac{\begin{vmatrix} 11 & 5 \\ 18 & 2 \end{vmatrix}}{\begin{vmatrix} 3 & 5 \\ 8 & 2 \end{vmatrix}}=\dfrac{22-90}{6-40}=\dfrac{-68}{-34}=\underline{2}$
2. Schritt: Den errechneten x-Wert in eine der beiden Gleichungen einsetzen, z.B. in die erste, und y berechnen.	$3\cdot 2+5y=11$ $6+5y=11 \quad \Vert -6$ $5y=5 \quad \Vert :5$ $\underline{y=1}$
3. Schritt: Lösungsmenge aufschreiben.	$L=\{(2;1)\}$
4. Schritt: Probe durchführen.	I. $3\cdot 2+5\cdot 1=6+5=11$ stimmt! II. $8\cdot 2+2\cdot 1=16+2=18$ stimmt!

2. Beispiel:

Bestimmt werden soll die Lösungsmenge des Gleichungssystems

$$\begin{aligned} 2x - y &= 8 \\ x + 2y &= -6 \end{aligned}$$

1. Schritt: x mit Determinantenverfahren berechnen.	$\begin{aligned} 2\,x + (-1)\,y &= 8 \\ 1\,x + 2\,y &= -6 \end{aligned} \qquad x = \dfrac{\begin{vmatrix} 8 & (-1) \\ (-6) & 2 \end{vmatrix}}{\begin{vmatrix} 2 & (-1) \\ 1 & 2 \end{vmatrix}} = \dfrac{16-6}{4-(-1)} = \dfrac{10}{5} = \underline{2}$
2. Schritt: y durch Einsetzen in die erste Gleichung berechnen.	$2 \cdot 2 - y = 8$ $4 - y = 8$ $\underline{y = -4}$
3. Schritt: Lösungsmenge.	$L = \{(2;\ -4)\}$
4. Schritt: Probe.	I. $2 \cdot 2 - (-4) = 4 + 4 = 8$ stimmt! II. $2 + 2 \cdot (-4) = 2 - 8 = -6$ stimmt!

Aufgabe 13: Berechne ebenso die Lösungsmengen der folgenden Gleichungssysteme.

a) $\begin{aligned} 3x + 2y &= 12 \\ 2x + 3y &= 13 \end{aligned}$ b) $\begin{aligned} 5x - 3y &= 4 \\ 2x + y &= 17 \end{aligned}$ c) $\begin{aligned} 10x - 9y &= 21 \\ -5x + 6y &= 6 \end{aligned}$

d) $\begin{aligned} 2x + 3y &= 14 \\ x + y &= 13 \end{aligned}$ e) $\begin{aligned} 2x - 3y &= 14 \\ x + y &= 13 \end{aligned}$ f) $\begin{aligned} 2x - 3y &= 14 \\ x - y &= 13 \end{aligned}$

g) $\begin{aligned} 2x + 3y &= 14 \\ x - y &= 13 \end{aligned}$ h) $\begin{aligned} -2x + 3y &= 14 \\ x - y &= 13 \end{aligned}$ i) $\begin{aligned} -2x + 3y &= 14 \\ x + y &= 13 \end{aligned}$

k) $\begin{aligned} 5x + 3y &= 0 \\ 3x + 5y &= 16 \end{aligned}$ l) $\begin{aligned} 3{,}2x + 2{,}5y &= 4{,}4 \\ -2{,}5x - 1{,}2y &= 5{,}6 \end{aligned}$ m) $\begin{aligned} 7x - 2y &= 1 \\ 7y &= 25{,}9 \end{aligned}$

n) $\begin{aligned} 3x - 8y &= 99 \\ -7x + 3y &= 4 \end{aligned}$ o) $\begin{aligned} 3x + 7y &= 0 \\ 8x - 13y &= 0 \end{aligned}$ p) $\begin{aligned} 15x + 13y &= -1 \\ 4x - 3y &= -52 \end{aligned}$

Bisher haben wir das Determinantenverfahren stets nur auf die Berechnung der *x-Werte* angewandt. Den zugehörigen y-Wert erhielten wir, indem wir den x-Wert in eine der beiden Ausgangsgleichungen

einsetzten. Natürlich können wir auch den *y-Wert* eines Gleichungssystems mit Hilfe von Determinanten berechnen.
Wir erinnern uns:
Wenn wir y berechnen wollen, dann muß beim Addieren der beiden Gleichungen die Unbekannte x wegfallen.
Die Unbekannte x fällt weg, wenn sich die x-Glieder in den beiden Gleichungen *nur durch das Vorzeichen* unterscheiden. Das erreichen wir, wenn wir beide Seiten der Gleichungen mit geeigneten Faktoren multiplizieren. Und das sieht so aus:

Beispiel	Allgemein
$7x+2y=20 \quad \Vert \cdot (-3)$	$ax+by=c \quad \Vert \cdot (-d)$
$3x+5y=21 \quad \Vert \cdot 7$	$dx+ey=f \quad \Vert \cdot a$
$+\begin{cases} -21x-6y=-60 \\ 21x+35y=147 \end{cases} +$	$+\begin{cases} -adx-bdy=-cd \\ adx+aey=af \end{cases} +$
$-6y+35y=-60+147$	$-bdy+aey=-cd+af \quad \Vert$ y ausklammern
$29y=87 \quad \Vert : 29$	$(ae-bd)y=af-cd \quad \Vert : (ae-bd)$
$\underline{y=3}$	$y=\frac{af-cd}{ae-bd}$

Auch bei der so erhaltenen Lösungsformel

$$y=\frac{af-cd}{ae-bd}$$

lassen sich sowohl Zähler als auch Nenner in Form von Determinanten schreiben.

Der *Zähler* läßt sich in die Form

$$\begin{vmatrix} a & c \\ d & f \end{vmatrix}$$

bringen, denn

$$\begin{vmatrix} a & c \\ d & f \end{vmatrix} = a \cdot f - c \cdot d$$

Der *Nenner* läßt sich in die Form

$$\begin{vmatrix} a & b \\ d & e \end{vmatrix}$$

bringen, denn

$$\begin{vmatrix} a & b \\ d & e \end{vmatrix} = a \cdot e - b \cdot d$$

Und damit können wir unsere Lösungsformel so schreiben:

$$y = \frac{\begin{vmatrix} a & c \\ d & f \end{vmatrix}}{\begin{vmatrix} a & b \\ d & e \end{vmatrix}}$$

Im Zusammenhang mit dem gegebenen Gleichungssystem sieht das dann so aus:

$$\begin{array}{l} a\,x + b\,y = c \\ d\,x + e\,y = f \end{array} \qquad y = \frac{\begin{vmatrix} a & c \\ d & f \end{vmatrix}}{\begin{vmatrix} a & b \\ d & e \end{vmatrix}}$$

Die *Nennerdeterminante* erhalten wir, wenn wir die links vom Gleichheitszeichen stehenden Zahlen genau so anordnen, wie sie im gegebenen Gleichungssystem stehen. Die Nennerdeterminante entspricht dabei also genau der nun schon hinreichend bekannten Nennerdeterminante bei der Berechnung des x-Wertes.
Die *Zählerdeterminante* erhalten wir, wenn wir in der Nennerdeterminante die ursprünglich vor y stehenden Zahlen durch die rechts vom Gleichheitszeichen stehenden Zahlen ersetzen.

1. Beispiel:

$$\begin{array}{l} 5x + 2y = 13 \\ 3x + 1y = 7 \end{array} \qquad y = \frac{\begin{vmatrix} 5 & 13 \\ 3 & 7 \end{vmatrix}}{\begin{vmatrix} 5 & 2 \\ 3 & 1 \end{vmatrix}} = \frac{35-39}{5-6} = \frac{-4}{-1} = \underline{4}$$

Einsetzen in die zweite Gleichung:

$$3x + 4 = 7 \quad \| -4$$

$$3x = 3 \quad \| : 3$$

$$\underline{x = 1}$$

$$L = \{(1; 4)\}$$

Probe:

$$\begin{array}{ll} \text{I.} & 5\cdot 1+2\cdot 4=5+8=13 \quad \text{stimmt!} \\ \text{II.} & 3\cdot 1+\;\;\; 4=3+4=\;\;7 \quad \text{stimmt!} \end{array}$$

2. Beispiel:

Bestimmt werden soll die Lösungsmenge des Gleichungssystems

$$\begin{aligned} x-2y&=1 \\ 2x-3y&=9 \end{aligned}$$

Um die Determinanten leichter erkennen zu können, schreiben wir das Gleichungssystem in einer leicht veränderten Form:

$$\begin{aligned} 1x+(-2)y&=\boxed{1} \\ 2x+(-3)y&=\boxed{9} \end{aligned} \qquad y=\frac{\begin{vmatrix} 1 & \boxed{1} \\ 2 & \boxed{9} \end{vmatrix}}{\begin{vmatrix} 1 & (-2) \\ 2 & (-3) \end{vmatrix}}=\frac{9-2}{-3+4}=\underline{7}$$

Den zugehörigen x-Wert berechnen wir, indem wir den so gefundenen y-Wert in die erste Gleichung einsetzen:

$$\begin{aligned} x-2\cdot 7&=1 \\ x-14&=1 \quad \| +14 \\ x&=15 \end{aligned}$$

$$L=\{(15;\,7)\}$$

Probe:

$$\begin{array}{ll} \text{I.} & 15-2\cdot 7=15-14=1 \quad \text{stimmt!} \\ \text{II.} & 2\cdot 15-3\cdot 7=30-21=9 \quad \text{stimmt!} \end{array}$$

Aufgabe 14: Berechne ebenso die Lösungsmengen der folgenden Gleichungssysteme.

a) $\begin{aligned} 3x+2y&=8 \\ 5x+4y&=14 \end{aligned}$ b) $\begin{aligned} 8x+5y&=3 \\ 7x-y&=8 \end{aligned}$ c) $\begin{aligned} 6x+7y&=17 \\ -5x+y&=20 \end{aligned}$

d) $\begin{aligned} 3x+2y&=14 \\ x-y&=13 \end{aligned}$ e) $\begin{aligned} 3x+2y&=14 \\ x+y&=13 \end{aligned}$ f) $\begin{aligned} 3x-2y&=14 \\ x+y&=13 \end{aligned}$

g) $\begin{aligned} 3x-2y&=14 \\ x-y&=13 \end{aligned}$ h) $\begin{aligned} x+y&=6 \\ 2x+3y&=0 \end{aligned}$ i) $\begin{aligned} 3x+y&=18 \\ 5x+3y&=6 \end{aligned}$

k) $\begin{aligned} 5x-6y&=7 \\ -8x+11y&=28 \end{aligned}$ l) $\begin{aligned} 9x-7y&=1 \\ 2x-y&=1 \end{aligned}$ m) $\begin{aligned} 1{,}4x+2{,}3y&=-0{,}9 \\ 2{,}4x+3{,}3y&=8{,}1 \end{aligned}$

n) $\begin{aligned} 0{,}2x+1{,}2y&=11 \\ -1{,}2x+0{,}2y&=45 \end{aligned}$ o) $\begin{aligned} 3x+5y&=0 \\ 7x-2y&=0 \end{aligned}$

Bisher haben wir immer nur eine der beiden Unbekannten mit dem Determinantenverfahren berechnet. Die andere haben wir dann durch Einsetzen des errechneten Wertes in eine der beiden Gleichungen ermittelt. Dieses Vorgehen ist in den meisten Fällen zu empfehlen.

Natürlich kann man aber auch *beide* Unbekannten mit dem Determinantenverfahren berechnen. Da die Nennerdeterminante für beide Unbekannte dieselbe ist, braucht man sie nur einmal zu berechnen.

Beispiel:

$$\begin{aligned} 2x+3y&=19\\ 5x-7y&=4 \end{aligned}$$

$$x=\frac{\begin{vmatrix}19 & 3\\ 4 & (-7)\end{vmatrix}}{\begin{vmatrix}2 & 3\\ 5 & (-7)\end{vmatrix}} \qquad y=\frac{\begin{vmatrix}2 & 19\\ 5 & 4\end{vmatrix}}{\begin{vmatrix}2 & 3\\ 5 & (-7)\end{vmatrix}}$$

$$x=\frac{-133-12}{-14-15} \qquad y=\frac{8-95}{-14-15}$$

$$\underline{x=5} \qquad \underline{y=3}$$

$$L=\{(5;3)\}$$

Probe: I. $2\cdot 5+3\cdot 3=10+9=19$ stimmt!
II. $5\cdot 5-7\cdot 3=25-21=4$ stimmt!

Aufgabe 15: Bestimme ebenso die Lösungsmengen der folgenden Gleichungssysteme.

a) $\begin{aligned} 3x+2y&=21\\ 5x+3y&=34 \end{aligned}$

b) $\begin{aligned} 12x+3y&=0\\ 5x+2y&=6 \end{aligned}$

c) $\begin{aligned} 14x-17y&=6\\ x+5y&=75 \end{aligned}$

d) $\begin{aligned} 3x+5y&=4\\ 4x-y&=59 \end{aligned}$

e) $\begin{aligned} 5x+2y&=42\\ 3x-y&=-21 \end{aligned}$

f) $\begin{aligned} 2{,}7x+4{,}6y&=53\\ 0{,}6x+5{,}3y&=46 \end{aligned}$

g) $\begin{aligned} 7x+13y&=-2\\ 8x-3y&=12 \end{aligned}$

h) $\begin{aligned} 15x+23y&=28{,}9\\ -8x+11y&=3{,}2 \end{aligned}$

i) $\begin{aligned} 2{,}4x+3{,}3y&=6{,}03\\ 3{,}5x-1{,}8y&=22{,}68 \end{aligned}$

k) $\begin{aligned} 8x+5y&=175\\ -11x-3y&=50 \end{aligned}$

l) $\begin{aligned} 12x+5y&=96\\ 5x-12y&=40 \end{aligned}$

m) $\begin{aligned} 4x+5y&=6{,}3\\ 7y&=80{,}5 \end{aligned}$

n) $\begin{aligned} 15x+13y&=22\\ 7x+5y&=22 \end{aligned}$

o) $\begin{aligned} 7x-4y&=17{,}5\\ 17x&=76{,}5 \end{aligned}$

p) $\begin{aligned} 3x+5y&=0\\ 7x-13y&=0 \end{aligned}$

3. Determinanten und Anzahl der Lösungen eines linearen Gleichungssystems

Bei der zeichnerischen Lösung linearer Gleichungssysteme, die wir auf den Seiten 24 bis 34 behandelt haben, konnten wir drei verschiedene Fälle unterscheiden:

<table>
<tr><th>1. Fall:</th><th>2. Fall:</th><th>3. Fall:</th></tr>
<tr>
<td>Die beiden Gleichungen führen auf zwei sich schneidende Geraden.
Beispiel:
$\begin{array}{l} 2x+\ \ y=5 \\ 3x-2y=4 \end{array}$</td>
<td>Die beiden Gleichungen führen auf zwei parallele Geraden.
Beispiel:
$\begin{array}{l} 8x+2y\ \ =6 \\ 2x+0{,}5y=0{,}5 \end{array}$</td>
<td>Die beiden Gleichungen führen auf dieselbe Gerade.
Beispiel:
$\begin{array}{l} 4x+2y\ \ =10 \\ 3x+1{,}5y=\ 7{,}5 \end{array}$</td>
</tr>
<tr>
<td>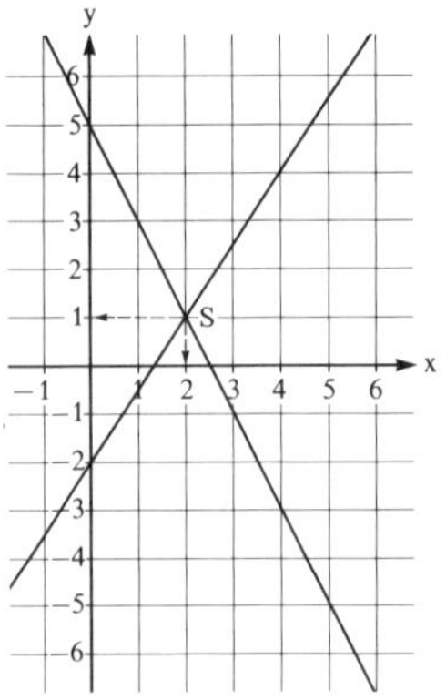
</td>
<td>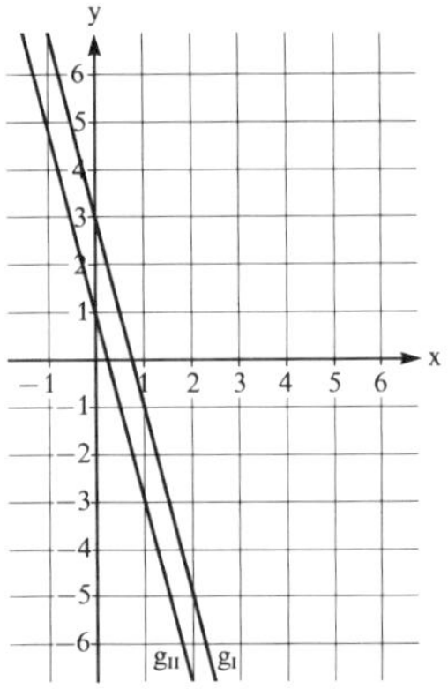
</td>
<td>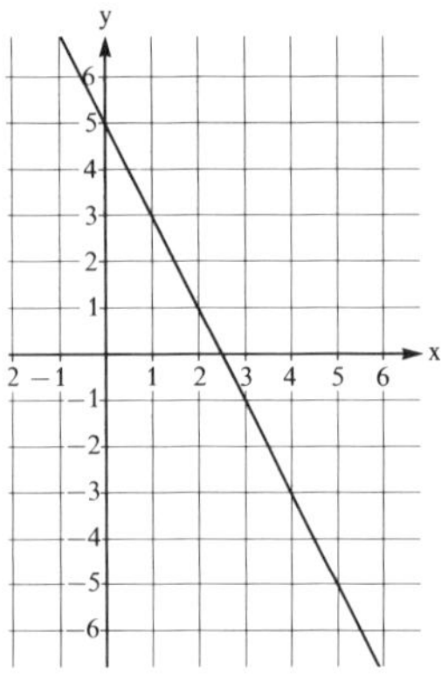
</td>
</tr>
<tr>
<td>Anzahl der Lösungen: Genau eine.
$L=\{(2;\,1)\}$
Das Determinantenverfahren liefert:
$x=\dfrac{\begin{vmatrix} 5 & 1 \\ 4 & (-2) \end{vmatrix}}{\begin{vmatrix} 2 & 1 \\ 3 & (-2) \end{vmatrix}}=\dfrac{-14}{-7}=\underline{2}$
$y=\dfrac{\begin{vmatrix} 2 & 5 \\ 3 & 4 \end{vmatrix}}{-7}=\dfrac{-7}{-7}=\underline{1}$</td>
<td>Anzahl der Lösungen: Keine.
$L=\{\ \}$
Das Determinantenverfahren liefert die sinnlosen Ausdrücke:
$x=\dfrac{\begin{vmatrix} 6 & 2 \\ 0{,}5 & 0{,}5 \end{vmatrix}}{\begin{vmatrix} 8 & 2 \\ 2 & 0{,}5 \end{vmatrix}}=\dfrac{2}{0}$
$y=\dfrac{\begin{vmatrix} 8 & 6 \\ 2 & 0{,}5 \end{vmatrix}}{0}=\dfrac{-8}{0}$</td>
<td>Anzahl der Lösungen: Unendlich viele.
$L=\{(x;\,y)\,|\,y=-2x+5\}$
Das Determinantenverfahren liefert die unbestimmten Ausdrücke:
$x=\dfrac{\begin{vmatrix} 10 & 2 \\ 7{,}5 & 1{,}5 \end{vmatrix}}{\begin{vmatrix} 4 & 2 \\ 3 & 1{,}5 \end{vmatrix}}=\dfrac{0}{0}$
$y=\dfrac{\begin{vmatrix} 4 & 10 \\ 3 & 7{,}5 \end{vmatrix}}{0}=\dfrac{0}{0}$</td>
</tr>
</table>

Aus dieser Gegenüberstellung erkennt man:

Ein lineares Gleichungssystem hat

genau *eine* Lösung, wenn die Nennerdeterminante ungleich 0 ist.	*keine* Lösung, wenn die Nennerdeterminante gleich 0 und die Zählerdeterminante ungleich 0 ist.	*unendlich viele* Lösungen, wenn Nenner- *und* Zählerdeterminante beide gleich 0 sind.

Aufgabe 16: Untersuche, ob das jeweilige Gleichungssystem genau eine, keine oder unendlich viele Lösungen hat.

a) $\begin{aligned} 3x+7y&=8 \\ 2{,}4x+5{,}6y&=6 \end{aligned}$	b) $\begin{aligned} 3x+7y&=8 \\ 2{,}4x+5{,}6y&=6{,}4 \end{aligned}$	c) $\begin{aligned} 9x+14{,}4y&=21{,}6 \\ 11{,}5x+18{,}4y&=49{,}6 \end{aligned}$
d) $\begin{aligned} 5x+8y&=18 \\ 7x-11y&=3 \end{aligned}$	e) $\begin{aligned} 3{,}6x-12y&=6 \\ -9{,}3x+31y&=15{,}5 \end{aligned}$	f) $\begin{aligned} 3x-10y&=5 \\ -3x+10y&=-5 \end{aligned}$
g) $\begin{aligned} 3x-10y&=5 \\ 15x-50y&=50 \end{aligned}$	h) $\begin{aligned} 4x+7y&=-21 \\ 8x-14y&=154 \end{aligned}$	i) $\begin{aligned} 3x+4y&=18 \\ 2x+5y&=22{,}5 \end{aligned}$
k) $\begin{aligned} 28x+35y&=75 \\ 8x+10y&=25 \end{aligned}$	l) $\begin{aligned} 1{,}2x+4{,}8y&=8 \\ 6x+24y&=40 \end{aligned}$	m) $\begin{aligned} 3x+7y&=0 \\ 5x-8y&=0 \end{aligned}$
n) $\begin{aligned} 4x+9y&=0 \\ 12x+27y&=3 \end{aligned}$	o) $\begin{aligned} 4x+9y&=0 \\ 12x+27y&=0 \end{aligned}$	p) $\begin{aligned} 4x+9y&=0 \\ 12x-27y&=216 \end{aligned}$

Zusammenfassung

Das hast du in diesem Kapitel gelernt:

Ein Gleichungssystem der Form

$$\begin{aligned} ax+by&=c \\ dx+ey&=f \end{aligned}$$

bezeichnet man als *lineares Gleichungssystem* mit zwei Unbekannten.

Zur Lösung eines linearen Gleichungssystems mit zwei Unbekannten kann man die folgenden Verfahren anwenden:

1. Das Gleichsetzungsverfahren

Das Gleichungssystem	$3x+2y=26$ $2x+5y=32$	
1. Schritt: Beide Gleichungen nach y auflösen.	$3x+2y=26$ $2y=-3x+26$ $y=\boxed{-\frac{3}{2}x+13}$	$2x+5y=32$ $5y=-2x+32$ $y=\boxed{-\frac{2}{5}x+\frac{32}{5}}$
2. Schritt: Die rechten Seiten gleichsetzen und die so erhaltene Gleichung nach x auflösen.	$\boxed{-\frac{3}{2}x+13}=\boxed{-\frac{2}{5}x+\frac{32}{5}} \quad \Vert \cdot 10$ $-15x+130=-4x+64$ $66=11x$ $x=6$	
3. Schritt: Den erhaltenen x-Wert in die Gleichung $y=-\frac{3}{2}x+13$ oder $y=-\frac{2}{5}x+\frac{32}{5}$ einsetzen und y berechnen.	$y=-\frac{3}{2}\cdot 6+13$ $y=-9 \quad +13$ $\underline{y=4}$	
4. Schritt: Die Lösungsmenge aufschreiben.	$L=\{(6;4)\}$	
5. Schritt: Probe durchführen.	I. $3\cdot 6+2\cdot 4=18+8=26$ stimmt! II. $2\cdot 6+5\cdot 4=12+20=32$ stimmt!	

2. Das Einsetzungsverfahren

Das Gleichungssystem	$3x+2y=26$ $2x+5y=32$
1. Schritt: Erste Gleichung nach y auflösen.	$3x+2y=26$ $2y=-3x+26$ $y=-\frac{3}{2}x+13$
2. Schritt: Den so erhaltenen Term für y in die zweite Gleichung einsetzen und x berechnen.	$2x+5\cdot\left(-\frac{3}{2}x+13\right)=32$ $2x-\frac{15}{2}x+65=32$ $-\frac{11}{2}x=-33$ $x=6$
3. Schritt: Den so berechneten x-Wert in die Gleichung einsetzen und y berechnen.	$y=-\frac{3}{2}\cdot 6+13$ $y=-9+13$ $\underline{y=4}$
4. Schritt: Die Lösungsmenge aufschreiben.	$L=\{(6;4)\}$
5. Schritt: Probe durchführen.	I. $3\cdot 6+2\cdot 4=18+8=26$ stimmt! II. $2\cdot 6+5\cdot 4=12+20=32$ stimmt!

3. Das Additionsverfahren

Das Gleichungssystem	$3x+2y=26$ $2x+5y=32$
1. Schritt: Beide Seiten der ersten Gleichung mit (−2) und beide Seiten der zweiten Gleichung mit 3 multiplizieren.	$3x+2y=26 \quad \Vert \cdot(-2)$ $2x+5y=32 \quad \Vert \cdot 3$
2. Schritt: Beide Gleichungen addieren.	$+\left\{\begin{array}{l}-6x-4y=-52\\ 6x+15y=96\end{array}\right\}+$ $\overline{(-6x-4y)+(6x+15y)=-52+96}$

3. Schritt: y berechnen.	$11y=44$ $\underline{y=4}$
4. Schritt: y-Wert in die erste oder die zweite Gleichung einsetzen und x berechnen.	$3x+2\cdot 4=26$ $3x+8=26$ $3x=18$ $\underline{x=6}$
5. Schritt: Lösungsmenge aufschreiben.	$L=\{(6;4)\}$
6. Schritt: Probe durchführen.	I. $3\cdot 6+2\cdot 4=18+8=26$ stimmt! II. $2\cdot 6+5\cdot 4=12+20=32$ stimmt!

4. Das Determinantenverfahren

$$y=\frac{\begin{vmatrix} 3 & 26 \\ 2 & 32 \end{vmatrix}}{\begin{vmatrix} 3 & 2 \\ 2 & 5 \end{vmatrix}} \leftarrow \begin{matrix} 3x+2y=26 \\ 2x+5y=32 \end{matrix} \rightarrow x=\frac{\begin{vmatrix} 26 & 2 \\ 32 & 5 \end{vmatrix}}{\begin{vmatrix} 3 & 2 \\ 2 & 5 \end{vmatrix}}$$

$$y=\frac{3\cdot 32-2\cdot 26}{3\cdot 5-2\cdot 2} \qquad x=\frac{26\cdot 5-32\cdot 2}{3\cdot 5-2\cdot 2}$$

$$y=\frac{96-52}{15-4} \qquad x=\frac{130-64}{15-4}$$

$$y=\frac{44}{11} \qquad x=\frac{66}{11}$$

$$\underline{y=4} \qquad \underline{x=6}$$

$$L=\{(6;4)\}$$

Probe: I. $3\cdot 6+2\cdot 4=18+8=26$ stimmt!
II. $2\cdot 6+5\cdot 4=12+20=32$ stimmt!

Test zum 2. Kapitel

Mit dem nun folgendem Test kannst du nachprüfen, ob du den in diesem Kapitel behandelten Stoff verstanden hast und ob du das Gelernte auch anwenden kannst.
Wenn du nicht mehr als 3 Fehler machst, dann kannst du getrost zum nächsten Kapitel übergehen. Anderenfalls mußt du dich noch einmal mit dem vorliegenden Kapitel 2 beschäftigen. Du solltest dich dann vielleicht auf eines der vier rechnerischen Verfahren konzentrieren und versuchen, mit ihm vertraut zu werden.

Bestimme die Lösungsmengen der folgenden Gleichungssysteme auf rechnerischem Wege jeweils nach dem Verfahren, das dir für die betreffende Aufgabe am geeignetsten erscheint.

1) $\begin{aligned} 3x+2y&=21 \\ 5x-2y&=19 \end{aligned}$

2) $\begin{aligned} 5x+4y&=8 \\ 7x+4y&=16 \end{aligned}$

3) $\begin{aligned} 7x+4y&=24 \\ x-3y&=57 \end{aligned}$

4) $\begin{aligned} 3x+7y&=7 \\ 5x+3y&=-36 \end{aligned}$

5) $\begin{aligned} x+7y&=4 \\ x+5y&=2 \end{aligned}$

6) $\begin{aligned} 24x+7y&=10 \\ 8x-35y&=78 \end{aligned}$

7) $\begin{aligned} 2{,}5x+1{,}3y&=12{,}7 \\ 1{,}5x+0{,}8y&=7{,}7 \end{aligned}$

8) $\begin{aligned} 1{,}2x+2{,}7y&=1{,}8 \\ 2{,}8x+6{,}3y&=4{,}9 \end{aligned}$

9) $\begin{aligned} 21x+35y&=14 \\ 33x+55y&=22 \end{aligned}$

10) $\begin{aligned} 7x-10y&=0{,}1 \\ 11x-16y&=0{,}1 \end{aligned}$

3. Kapitel

Gleichungssysteme unterschiedlicher Form

Alle Gleichungssysteme mit zwei Unbekannten, die wir bisher gelöst haben, hatten die Form

$$\begin{aligned} ax+by&=c \\ dx+ey&=f \end{aligned}$$

wobei anstelle der Buchstaben a, b, c, d, e und f Zahlen standen. Solche Gleichungssysteme haben wir als *lineare Gleichungssysteme* bezeichnet. Und auf lineare Gleichungssysteme wollten wir uns ja in diesem Band der Duden-Schülerhilfen beschränken. Es sieht daher auf den ersten Blick so aus, als hätte das Gleichungssystem

$$\begin{aligned} 14x+y-8&=7x-2y+4 \\ 7x+12y+9&=3x+17y+36 \end{aligned}$$

nichts bei uns zu suchen.
Beim zweiten Blick allerdings läßt sich erkennen, daß es sich auch bei diesem Gleichungssystem um ein lineares Gleichungssystem handelt, allerdings um ein vermummtes.
Seine Enttarnung fällt nicht schwer, denn durch geschicktes Umformen läßt es sich in die Form

$$\begin{aligned} ax+by&=c \\ dx+ey&=f \end{aligned}$$

bringen.
Hier der Beweis:

$$\begin{aligned} 14x+y-8&=7x-2y+4 && \| -7x+2y+8 \\ 7x+12y+9&=3x+17y+36 && \| -3x-17y-9 \\ \hline 7x+3y&=12 \\ 4x-5y&=27 \end{aligned}$$

Und in dieser Form können wir ihm nun beispielsweise mit dem Additionsverfahren auf den Pelz rücken:

$$\begin{aligned} 7x+3y&=12 && \| \cdot 5 \\ 4x-5y&=27 && \| \cdot 3 \\ \hline +\begin{Bmatrix} 35x+15y=60 \\ 12x-15y=81 \end{Bmatrix}+ \\ \hline 35x+12x&=60+81 \\ 47x&=141 \\ x&=3 \end{aligned}$$

Einsetzen des so erhaltenen x-Wertes in die erste Gleichung ergibt:

$$\begin{aligned} 7\cdot 3 + 3y &= 12 \\ 21 + 3y &= 12 \\ 3y &= -9 \\ \underline{y} &\underline{= -3} \end{aligned}$$

Und damit haben wir die Lösungsmenge:

$$L = \{(3;\ -3)\}$$

Die Probe, mit der wir jede Aufgabe abschließen wollen, müssen wir unbedingt an den beiden Ausgangsgleichungen durchführen. Nur so ist gewährleistet, daß wir auch solche Fehler entdecken, die sich bereits bei der allerersten Umformung eingeschlichen haben.
Dabei müssen wir berücksichtigen, daß in den beiden Ausgangsgleichungen die Unbekannten x und y auf *beiden* Seiten des Gleichheitszeichens auftreten.
In einem solchen Falle führen wir die Probe folgendermaßen durch: Wir setzen die für x und y gefundenen Zahlen in die *Ausgangsform* der 1. Gleichung ein, rechnen jede der beiden Seiten *für sich* aus und schauen dann nach, ob die beiden Ergebnisse übereinstimmen. Dasselbe tun wir danach auch mit der 2. Gleichung.

Und das sieht so aus:

1. Gleichung linke Seite $14\cdot 3+(-3)-8=$ $42 - 3 - 8 = \underline{\underline{31}}$	rechte Seite $7\cdot 3-2\cdot(-3)+4=$ $21 + 6 + 4 = \underline{\underline{31}}$
2. Gleichung linke Seite $7\cdot 3+12\cdot(-3)+9=$ $21 - 36 + 9 = \underline{\underline{-6}}$	rechte Seite $3\cdot 3+17\cdot(-3)+36=$ $9 - 51 + 36 = \underline{\underline{-6}}$

Weiteres Beispiel:

Gesucht ist die Lösungsmenge des Gleichungssystems

$$\begin{aligned} 5(2x-3y)+22&=3(3x-2y)\\ 3(5x-2y)-5(2x-5y)&=82 \end{aligned}$$

1. Schritt: Umformung.	$5(2x-3y)+22=3(3x-2y)$ $3(5x-2y)-5(2x-5y)=82$ ‖Ausmultiplizieren $10x-15y+22=9x-6y$ ‖$-9x+6y-22$ $15x-6y-10x+25y=82$ ‖Zusammenfassen $x-9y=-22$ $5x+19y=82$	
2. Schritt: Lösungsmenge bestimmen.	$L=\{(5;3)\}$	
3. Schritt: Probe.	linke Seite	rechte Seite
1. Gleichung:	$5\cdot(2\cdot 5-3\cdot 3)+22=$ $5\cdot 1+22=27$	$3\cdot(3\cdot 5-2\cdot 3)=$ $3\cdot 9=\underline{\underline{27}}$
2. Gleichung:	$3\cdot(5\cdot 5-2\cdot 3)-5\cdot(2\cdot 5-5\cdot 3)=$ $3\cdot 19-5\cdot(-5)=$ $57+25=$ 82	$\underline{\underline{82}}$

Aufgabe 1: Bestimme ebenso die Lösungsmengen der folgenden Gleichungssysteme.

a) $(3x+2)\cdot(2y+5)=(6x+3)\cdot(y+3)$
$(5x-1)\cdot(3y+2)=(3x-1)\cdot(5y+6)$

b) $27x-y-10=15x-6y+12$
$19x+11y=x+4y+32$

c) $10(x+3)-(y+5)=99$
$8(x-4)=41+3(y-9)$

d) $5(x-2)-3(y-1)=0$
$2(x-2)=7y-7$

e) $5(2x-3y)=3(3x-2y)-22$
$3(5x-2y)-5(2x-5y)=82$

f) $(2x-7)(3y-16)=(3x-13)(2y-10)$
$(3x-17)(4y-17)=(4x-29)(3y-8)$

g) $\begin{aligned} 2\cdot(3x-2y+5) &= (4x+y-9)\cdot 5 \\ 5x+3y-11 &= 2\cdot(x+y-1) \end{aligned}$

Hin und wieder tauchen in einem Gleichungssystem Brüche oder Bruchterme auf. Sie können recht lästig werden, wenn man sie nicht gleich zu Beginn der Arbeit beseitigt.
Und beseitigen lassen sich Brüche und Bruchterme aus einer Gleichung stets dadurch, daß man ihre beiden Seiten mit einer geeigneten Zahl oder einem geeigneten Term multipliziert.

Beispiel:

Gesucht ist die Lösungsmenge des Gleichungssystems

$$\begin{aligned} \frac{7x+4y}{5} &= \frac{5x+1}{2} \\ \frac{5x+1}{3} &= \frac{3y+10}{8} \end{aligned}$$

<table>
<tr><td>1. Schritt:
Brüche beseitigen.</td><td colspan="2">$\begin{aligned} \frac{7x+4y}{5} &= \frac{5x+1}{2} \quad \| \cdot 10 \\ \frac{5x+1}{3} &= \frac{3y+10}{8} \quad \| \cdot 24 \end{aligned}$
$\begin{aligned} \frac{(7x+4y)\cdot \cancel{10}^{2}}{\cancel{5}_{1}} &= \frac{(5x+1)\cdot \cancel{10}^{5}}{\cancel{2}_{1}} \\ \frac{(5x+1)\cdot \cancel{24}^{8}}{\cancel{3}_{1}} &= \frac{(3y+10)\cdot \cancel{24}^{3}}{\cancel{8}_{1}} \end{aligned}$</td></tr>
<tr><td>2. Schritt:
Die nun bruchfreien Gleichungen umformen.</td><td colspan="2">$\begin{aligned} (7x+4y)\cdot 2 &= (5x+1)\cdot 5 \\ (5x+1)\cdot 8 &= (3y+10)\cdot 3 \end{aligned}$ ‖Ausmultiplizieren
$\begin{aligned} 14x+8y &= 25x+5 \quad \| -25x \\ 40x+8 &= 9y+30 \quad \| -9y-8 \end{aligned}$
$\begin{aligned} -11x+8y &= 5 \\ 40x-9y &= 22 \end{aligned}$</td></tr>
<tr><td>3. Schritt:
Lösungsmenge bestimmen.</td><td colspan="2">$L=\{(1;2)\}$</td></tr>
<tr><td rowspan="3">4. Schritt:
Probe an den Ausgangsgleichungen durchführen.</td><td>linke Seite</td><td>rechte Seite</td></tr>
<tr><td>I. $\frac{7\cdot 1+4\cdot 2}{5}=\frac{7+8}{5}=\underline{\underline{3}}$</td><td>$\frac{5\cdot 1+1}{2}=\frac{6}{2}=\underline{\underline{3}}$</td></tr>
<tr><td>II. $\frac{5\cdot 1+1}{3}=\frac{6}{3}=\underline{\underline{2}}$</td><td>$\frac{3\cdot 2+10}{8}=\frac{16}{8}=\underline{\underline{2}}$</td></tr>
</table>

Aufgabe 2: Bestimme ebenso die Lösungsmengen der folgenden Gleichungssysteme.

a) $\frac{x-3}{y-1}=\frac{x+2}{y+1}$
$\frac{x+4}{y+3}=\frac{x-1}{y-4}$

b) $\frac{2x-3y}{3x-4y}=\frac{3}{5}$
$\frac{x-2}{y+2}=\frac{1}{3}$

c) $\frac{x+2}{3}=y-1$
$\frac{3x+4}{4}=y+1$

d) $\frac{x+y}{x-y}=\frac{7}{3}$
$\frac{x+1}{y+1}=\frac{12}{5}$

e) $\frac{3y-x}{3}=\frac{3x-y}{7}$
$\frac{4x-3}{9}=\frac{4y-3}{5}$

f) $\frac{5}{3x+2}=\frac{6}{5y+4}$
$\frac{4}{5y-2x}=\frac{11}{5x-2y}$

Abschlußtest

Mit dem folgenden Test kannst du überprüfen, ob du den in diesem Band der Duden-Schülerhilfen behandelten Stoffe verstanden hast und das Gelernte auch anwenden kannst.
Mehr als zwei Fehler pro Aufgabenblock sollten dir dabei nicht unterlaufen. Anderenfalls mußt du die entsprechenden Abschnitte noch einmal durcharbeiten. Ich hoffe aber, das wird nicht nötig sein.

1. Bestimme die Lösungsmengen der folgenden Gleichungssysteme.

a) $7x+4y=23$
$2x-3y=19$

b) $8x+3y=36$
$-5x+y=12$

c) $3{,}2x-1{,}7y=46$
$-2{,}7x+0{,}7y=-30$

d) $3x+2y=2$
$-4x+9y=30$

e) $12x-5y=22$
$12x+3y=6$

2. Bestimme die Lösungsmengen der folgenden Gleichungssysteme.

a) $(x-4)\cdot(y+7)=(x-3)\cdot(y+4)$
$(x+5)\cdot(y-2)=(x+2)\cdot(y-1)$

b) $(x+12)\cdot(y-3)=(x-2)\cdot(y+5)$
$(2x+5)\cdot(3y-8)=(x+1)\cdot(6y-15)$

c) $5\cdot(x+7)-3\cdot(y-2)=30$
$7\cdot(3x-10)+4\cdot(2y-9)=95$

d) $(x+1)\cdot(y+8)=(y+5)\cdot(x+3)$
$(2x-3)\cdot(5y+7)=2\cdot(y+1)\cdot(5x-6)$

e) $8\cdot(x-1)-5\cdot(y+1)=12$
$13\cdot(x+2)-6\cdot(y+2)=61$

f) $\frac{0{,}9x-0{,}7y+7{,}3}{13x-15y+17}=0{,}2$
$\frac{1{,}2x-0{,}2y+8{,}9}{6{,}5x-7{,}5y+8{,}5}=0{,}6$

Lösungen

1. Kapitel

Aufgabe 1:
a) $L=\{3\}$; b) $L=\{1\}$; c) $L=\{3\}$; d) $L=\{23\}$; e) $L=\{4{,}25\}$

Aufgabe 2:
a) $L=\{17\}$; b) $L=\{12\}$; c) $L=\{0\}$; d) $L=\{-4\}$;
e) $L=\{-11\}$

Aufgabe 3:
a) $L=\{72\}$; b) $L=\{288\}$; c) $L=\{5\}$; d) $L=\{2\}$; e) $L=\{20\}$

Aufgabe 4:
a) $\{4; 6; 8; 10\}$; b) $\{2; 4; 8\}$; c) $\{\ \}$; d) $\{\ \}$; e) $\{2; 4; 6; 8; 10\}$;
f) $\{4; 8\}$; g) $\{\ \}$; h) $\{\ \}$; i) $\{4; 6; 8; 10\}$; k) $\{\ \}$; l) $\{1\}$;
m) $\{1; 2; 4; 8\}$; n) $\{3; 9\}$; o) $\{3; 5; 7; 9\}$; p) $\{1; 3; 9\}$

Aufgabe 5:
a) $\{(2; 8)\}$; b) $\{(4; 16)\}$; c) $\{\ \}$; d) $\{(3; 10);\ (5; 14)\}$; e) $\{\ \}$;
f) $\{\ \}$.

Aufgabe 6:
A(2; 3); B(−1; 2); C(6; 1); D(2; −5); E(−3; −3); F(−3; 6);
G(6; −3); H(−6; 3); J(1; 5); K(−4; −5); L(3; −2);
M(−1; −4); N(2; 0); O(0; 4); P(0; −2); Q(−4; 0); R(3; 1);
S(−3; 4); T(5; −5); U(−5; −2)

Aufgabe 7:

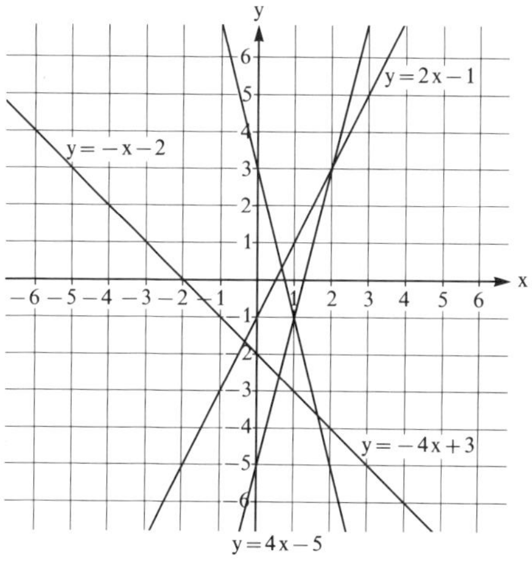

2. Kapitel

Aufgabe 1:
a) $L=\{(3;2)\}$; b) $L=\{(1;4)\}$; c) $L=\{(-2;3)\}$; d) $L=\{(1;0)\}$;
e) $L=\{(-3;-3)\}$; f) $L=\{\ \}$; g) $L=\{(4;-3)\}$;
h) $L=\{(x;y \mid y=-1{,}5x+2\}$; i) $L=\{(0;5)\}$

Aufgabe 2:
a) $L=\{(2;5)\}$; b) $L=\{(4;-1)\}$; c) $L=\{(-6;6)\}$;
d) $L=\{(0;2{,}5)\}$; e) $L=\{(3{,}2;4{,}5)\}$; f) $L=\{\ \}$;
g) $L=\left\{(x;y)\middle| y=-\frac{1}{4}x+\frac{3}{4}\right\}$; h) $L=\left\{\left(\frac{3}{2};\frac{3}{4}\right)\right\}$; i) $L=\{(-1{,}25;3{,}5)\}$;
k) $L=\{(4;8)\}$; l) $L=\{(-2;2)\}$; m) $L=\left\{\left(\frac{3}{8};\frac{5}{4}\right)\right\}$;
n) $L=\{(1{,}2;-2{,}4)\}$; o) $L=\{(-2{,}4;1{,}2)\}$; p) $L=\{\ \}$

Aufgabe 3:
a) $L=\{(4;2)\}$; b) $L=\{(4;2)\}$; c) $L=\{(2;-3)\}$;
d) $L=\{(12;15)\}$; e) $L=\{\ \}$; f) $L=\{(1{,}6;4{,}2)\}$; g) $L=\left\{\left(\frac{4}{3};-\frac{1}{3}\right)\right\}$;
h) $L=\left\{(x;y)\middle|\left(y=-\frac{4}{5}x+\frac{1}{5}\right)\right\}$; i) $L=\{(-4;5)\}$; k) $L=\{(2;0{,}8)\}$;
l) $L=\{(15;-25)\}$; m) $L=\{(-12;16)\}$; n) $L=\{\ \}$;
o) $L=\{(2{,}8;-3{,}2)\}$; p) $L=\{(-0{,}75;1{,}25)\}$.

Aufgabe 4:
a) $L=\{(7;3)\}$; b) $L=\{(-2;5)\}$; c) $L=\{(5;0)\}$;
d) $L=\{(-12;15)\}$; e) $L=\{(1{,}5;2{,}3)\}$; f) $L=\{(1;1)\}$;
g) $L=\{(4;3)\}$; h) $L=\{(0{,}8;-2{,}5)\}$; i) $L=\{(12;1{,}2)\}$;
k) $L=\{(25;-35)\}$; l) $L=\{(5;3)\}$; m) $L=\{(17;1)\}$;
n) $L=\{(-12;15)\}$; o) $L=\{(3;2)\}$; p) $L=\{(1;2)\}$

Aufgabe 5:
a) $L=\{(6;-2)\}$; b) $L=\{(5;-3)\}$; c) $L=\{(-3;7)\}$;
d) $L=\{(-4;-5)\}$; e) $L=\{(21;0)\}$; f) $L=\{(5;25)\}$;
g) $L=\{(2;-3)\}$; h) $L=\{(-1{,}2;2{,}5)\}$; i) $L=\{(2;-5)\}$;
k) $L=\{(2;-5)\}$; l) $L=\{(2;-5)\}$; m) $L=\{(55;25)\}$;
n) $L=\{(12{,}5;-7{,}5)\}$; o) $L=\{(18;35)\}$

Aufgabe 6:
a) $L=\{(5;2)\}$; b) $L=\{(17;12)\}$; c) $L=\{(3;4)\}$;
d) $L=\{(12;10)\}$; e) $L=\{(12;7)\}$; f) $L=\{(13;-2)\}$;
g) $L=\{(7;3)\}$; h) $L=\{(5;3)\}$; i) $L=\{(2;-6)\}$; k) $L=\{(8;20)\}$;
l) $L=\{(16;14)\}$; m) $L=\{(13;-3)\}$; n) $L=\{(5;4)\}$;
o) $L=\{(17;13)\}$; p) $L=\{(3;1)\}$

Aufgabe 7:
a) $L=\{(7;-8)\}$; b) $L=\{(-12;-13)\}$; c) $L=\{(-9;9)\}$;

d) $L=\{(0{,}5;\ 1{,}5)\}$; e) $L=\{(-8;\ 9)\}$; f) $L=\{(17;\ 23)\}$;
g) $L=\{(25;\ 35)\}$; h) $L=\{(2{,}4;\ 7{,}2)\}$; i) $L=\{(8;\ -12)\}$

Aufgabe 8:
a) $L=\{(3;\ 1)\}$; b) $L=\{(1;\ 3)\}$; c) $L=\{(2;\ 5)\}$; d) $L=\{(7;\ 8)\}$;
e) $L=\{(-8;\ 12)\}$; f) $L=\{(0;\ 16)\}$; g) $L=\{\ \}$;
h) $L=\{(-14;\ 12)\}$; i) $L=\{(1{,}75;\ -3{,}25)\}$;
k) $L=\left\{(x;\ y)\,\middle|\,y=-\frac{3}{7}x+\frac{13}{7}\right\}$; l) $L=\{(7;\ 0)\}$;
m) $L=\left\{(x;\ y)\,\middle|\,\frac{7}{8}x-\frac{41}{8}\right\}$; n) $L=\{(8;\ 12)\}$; o) $L=\{(2{,}2;\ -1{,}1)\}$

Aufgabe 9:
a) -29; b) 29; c) 11; d) 12; e) -17; f) 17; g) -17; h) 17;
i) 0; k) 199; l) 532; m) 53; n) 71; o) -127; p) 14; q) 8;
r) -101; s) 2; t) -315; u) 875; v) -20; w) 25,01; x) 11,4

Aufgabe 10:

I. $5x+3y=8$
$7x+6y=2$

II. $2x-y=5$
$-3x+4y=0$

III. $-4x=7$
$3x-8y=1$

IV. $12x+5y=8$
$7y=-2$

V. $-3x+2y=11$
$8x-y=4$

VI. $-x+y=1$
$x-y=1$

VII. $3{,}8x+4{,}2y=-1{,}5$
$2{,}7x-3{,}6y=0$

VIII. $-7{,}5x-0{,}8y=4{,}3$
$8{,}7x-2y=4{,}5$

IX. $25x+13y=-7$
$48x-y=28$

Aufgabe 11:

	a	b	c	d	e	f
a)	7	3	4	6	2	5
b)	4	−2	5	−2	3	−6
c)	1	1	3	4	−1	7
d)	−1,2	3	−0,8	1	1	1,3
e)	5	0	12	3	−2	15
f)	1	−1	4	0	5	18
g)	−8	4	11	1	−7	0
h)	−1	3	0	7	−4	−2
i)	3,8	−1,7	0,25	−4,3	0,6	1

Aufgabe 12:
a) $a=3$; $b=2$; $c=16$; $d=5$; $e=3$; $f=25$; $x=\frac{16\cdot 3-2\cdot 25}{3\cdot 3-2\cdot 5}=2$

b) a=5; b=(−11); c=7; d=1; e=2; f=14; $x=\frac{7\cdot 2-(-11)\cdot 14}{5\cdot 2-(-11)\cdot 1}=8$

c) a=3; b=2; c=(−6); d=(−5); e=(−4); f=0;
$x=\frac{(-6)\cdot(-4)-2\cdot 0}{3\cdot(-4)-2\cdot(-5)}=-12$

d) a=45; b=28; c=30; d=14; e=(−1); f=155;
$x=\frac{30\cdot(-1)-28\cdot 155}{45\cdot(-1)-28\cdot 14}=10$

e) a=15; b=(−48); c=0; d=0; e=13; f=195;
$x=\frac{0\cdot 13-(-48)\cdot 195}{15\cdot 13-(-48)\cdot 0}=48$

Aufgabe 13:

a) $x=\frac{\begin{vmatrix}12 & 2\\ 13 & 3\end{vmatrix}}{\begin{vmatrix}3 & 2\\ 2 & 3\end{vmatrix}}=2;\ y=3$

b) $x=\frac{\begin{vmatrix}4 & (-3)\\ 17 & 1\end{vmatrix}}{\begin{vmatrix}5 & (-3)\\ 2 & 1\end{vmatrix}}=5;\ y=7$

c) $x=\frac{\begin{vmatrix}21 & (-9)\\ 6 & 6\end{vmatrix}}{\begin{vmatrix}10 & (-9)\\ (-5) & 6\end{vmatrix}}=12;\ y=11$

d) $x=\frac{\begin{vmatrix}14 & 3\\ 13 & 1\end{vmatrix}}{\begin{vmatrix}2 & 3\\ 1 & 1\end{vmatrix}}=25;\ y=-12$

e) $x=\frac{\begin{vmatrix}14 & (-3)\\ 13 & 1\end{vmatrix}}{\begin{vmatrix}2 & (-3)\\ 1 & 1\end{vmatrix}}=10{,}6;\ y=2{,}4$

f) $x=\frac{\begin{vmatrix}14 & (-3)\\ 13 & (-1)\end{vmatrix}}{\begin{vmatrix}2 & (-3)\\ 1 & (-1)\end{vmatrix}}=25;\ y=12$

g) $x=\frac{\begin{vmatrix}14 & 3\\ 13 & (-1)\end{vmatrix}}{\begin{vmatrix}2 & 3\\ 1 & (-1)\end{vmatrix}}=10{,}6;\ y=-2{,}4$

h) $x=\frac{\begin{vmatrix}14 & 3\\ 13 & (-1)\end{vmatrix}}{\begin{vmatrix}(-2) & 3\\ 1 & (-1)\end{vmatrix}}=53;\ y=40$

i) $x=\frac{\begin{vmatrix}14 & 3\\ 13 & 1\end{vmatrix}}{\begin{vmatrix}(-2) & 3\\ 1 & 1\end{vmatrix}}=5;\ y=8$

k) $x=\frac{\begin{vmatrix}0 & 3\\ 16 & 5\end{vmatrix}}{\begin{vmatrix}5 & 3\\ 3 & 5\end{vmatrix}}=-3;\ y=5$

l) $x=\frac{\begin{vmatrix}4{,}4 & 2{,}5\\ 5{,}6 & (-1{,}2)\end{vmatrix}}{\begin{vmatrix}3{,}2 & 2{,}5\\ (-2{,}5) & (-1{,}2)\end{vmatrix}}=-8;\ y=12$

m) $x=\frac{\begin{vmatrix}1 & (-2)\\ 25{,}9 & 7\end{vmatrix}}{\begin{vmatrix}7 & (-2)\\ 0 & 7\end{vmatrix}}=1{,}2;\ y=3{,}7$

n) $x=\frac{\begin{vmatrix}99 & (-8)\\ 4 & 3\end{vmatrix}}{\begin{vmatrix}3 & (-8)\\ (-7) & 3\end{vmatrix}}=-7;\ y=-15$

o) $x=\frac{\begin{vmatrix}0 & 7\\ 0 & (-13)\end{vmatrix}}{\begin{vmatrix}3 & 7\\ 8 & (-13)\end{vmatrix}}=0;\ y=0$

p) $x=\frac{\begin{vmatrix}(-1) & 13\\ (-52) & (-3)\end{vmatrix}}{\begin{vmatrix}15 & 13\\ 4 & (-3)\end{vmatrix}}=-7;\ y=8$

Aufgabe 14:

a) $y=\frac{\begin{vmatrix}3 & 8\\5 & 14\end{vmatrix}}{\begin{vmatrix}3 & 2\\5 & 4\end{vmatrix}}=1;\ x=2$

b) $y=\frac{\begin{vmatrix}8 & 3\\7 & 8\end{vmatrix}}{\begin{vmatrix}8 & 5\\7 & (-1)\end{vmatrix}}=-1;\ x=1$

c) $y=\frac{\begin{vmatrix}6 & 17\\(-5) & 20\end{vmatrix}}{\begin{vmatrix}6 & 7\\(-5) & 1\end{vmatrix}}=5;\ x=-3$

d) $y=\frac{\begin{vmatrix}3 & 14\\1 & 13\end{vmatrix}}{\begin{vmatrix}3 & 2\\1 & (-1)\end{vmatrix}}=-5;\ x=8$

e) $y=\frac{\begin{vmatrix}3 & 14\\1 & 13\end{vmatrix}}{\begin{vmatrix}3 & 2\\1 & 1\end{vmatrix}}=25;\ x=-12$

f) $y=\frac{\begin{vmatrix}3 & 14\\1 & 13\end{vmatrix}}{\begin{vmatrix}3 & (-2)\\1 & 1\end{vmatrix}}=5;\ x=8$

g) $y=\frac{\begin{vmatrix}3 & 14\\1 & 13\end{vmatrix}}{\begin{vmatrix}3 & (-2)\\1 & (-1)\end{vmatrix}}=-25;\ x=-12$

h) $y=\frac{\begin{vmatrix}1 & 6\\2 & 0\end{vmatrix}}{\begin{vmatrix}1 & 1\\2 & 3\end{vmatrix}}=-12;\ x=18$

i) $y=\frac{\begin{vmatrix}3 & 18\\5 & 6\end{vmatrix}}{\begin{vmatrix}3 & 1\\5 & 3\end{vmatrix}}=-18;\ x=12$

k) $y=\frac{\begin{vmatrix}5 & 7\\(-8) & 28\end{vmatrix}}{\begin{vmatrix}5 & (-6)\\(-8) & 11\end{vmatrix}}=28;\ x=35$

l) $y=\frac{\begin{vmatrix}9 & 1\\2 & 1\end{vmatrix}}{\begin{vmatrix}9 & (-7)\\2 & (-1)\end{vmatrix}}=1{,}4;\ x=1{,}2$

m) $y=\frac{\begin{vmatrix}1{,}4 & (-0{,}9)\\2{,}4 & 8{,}1\end{vmatrix}}{\begin{vmatrix}1{,}4 & 2{,}3\\2{,}4 & 3{,}3\end{vmatrix}}=-15;\ x=24$

n) $y=\frac{\begin{vmatrix}0{,}2 & 11\\-1{,}2 & 45\end{vmatrix}}{\begin{vmatrix}0{,}2 & 1{,}2\\-1{,}2 & 0{,}2\end{vmatrix}}=15;\ x=-35$

o) $y=\frac{\begin{vmatrix}3 & 0\\7 & 0\end{vmatrix}}{\begin{vmatrix}3 & 5\\7 & (-2)\end{vmatrix}}=0;\ x=0$

Aufgabe 15:
a) $L=\{(5;3)\}$; b) $L=\{(-2;8)\}$; c) $L=\{(15;12)\}$;
d) $L=\{(13;-7)\}$; e) $L=\{(0;21)\}$; f) $L=\{(6;8)\}$;
g) $L=\{(1{,}2;-0{,}8)\}$; h) $L=\{(0{,}7;0{,}8)\}$; i) $L=\{(5{,}4;-2{,}1)\}$;
k) $L=\{(-25;75)\}$; l) $L=\{(8;0)\}$; m) $L=\{(-12{,}8;11{,}5)\}$;
n) $L=\{(11;-11)\}$; o) $L=\{(4{,}5;3{,}5)\}$; p) $L=\{(0;0)\}$.

Aufgabe 16:
a) keine Lösung;
b) unendlich viele Lösungen: $L=\left\{(x;y)\,\middle|\,y=-\frac{3}{7}x+\frac{8}{7}\right\}$;
c) keine Lösung; d) genau eine Lösung: $L=\{(2;1)\}$;
e) keine Lösung;
f) unendlich viele Lösungen: $L=\left\{(x;y)\,\middle|\,y=\frac{3}{10}x-\frac{1}{2}\right\}$;

g) keine Lösung; h) genau eine Lösung: $L=\{(7;\ -7)\}$;
i) genau eine Lösung: $L=\{(0;\ 4{,}5)\}$; k) keine Lösung;
l) unendlich viele Lösungen: $L=\left\{(x;\ y)\middle|y=-\frac{1}{4}x+\frac{5}{3}\right\}$;
m) genau eine Lösung: $L=\{(0;\ 0)\}$; n) keine Lösung;
o) unendlich viele Lösungen: $L=\left\{(x;\ y)\middle|y=-\frac{4}{9}x\right\}$;
p) genau eine Lösung: $L=\{(9;\ -4)\}$.

Test zum 2. Kapitel

1) $L=\{(5;\ 3)\}$; 2) $L=\{(4;\ -3)\}$; 3) $L=\{(12;\ -15)\}$;
4) $L=\{(-10{,}5;\ 5{,}5)\}$; 5) $L=\{(-3;\ 1)\}$; 6) $L=\{(1;\ -2)\}$;
7) $L=\{(3;\ 4)\}$; 8) $L=\{\ \}$; 9) $L=\left\{(x;\ y)\middle|y=-\frac{3}{5}x+\frac{2}{5}\right\}$;
10) $L=\{(0{,}3;\ 0{,}2)\}$.

3. Kapitel

Aufgabe 1:

a) $3x-y=1$, $4x-y=2$; $L=\{(1;\ 2)\}$

b) $12x+5y=22$, $18x+7y=32$; $L=\{(1;\ 2)\}$

c) $10x-y=74$, $8x-3y=46$; $L=\{(8;\ 6)\}$

d) $5x-3y=7$, $2x-7y=-3$; $L=\{(2;\ 1)\}$

e) $x-9y=-22$, $5x+19y=82$; $L=\{(5;\ 3)\}$

f) $-2x+5y=18$, $x-y=3$; $L=\{(11;\ 8)\}$

Aufgabe 2:

a) $2x-5y=1$, $-7x+5y=13$; $L=\{(-2{,}8;\ -1{,}32)\}$

b) $x-3y=0$, $3x-y=8$; $L=\{(3;\ 1)\}$

c) $x-3y=-5$, $3x-4y=0$; $L=\{(4;\ 3)\}$

d) $-2x+5y=0$, $5x-12y=7$; $L=\{(35;\ 14)\}$

e) $2x-3y=0$, $5x-9y=-3$; $L=\{(3;\ 2)\}$

f) $18x-25y=8$, $2x-3y=0$; $L=\{(6;\ 4)\}$

Abschlußtest

1. a) $L=\{(5;\ -3)\}$; b) $L=\{(0;\ 12)\}$; c) $L=\{(8;\ -12)\}$;
   d) $L=\{(-1{,}2;\ 2{,}8)\}$; e) $L=\{(1;\ -2)\}$.
2. a) $L=\{(7;\ 5)\}$; b) $L=\{(2;\ 3)\}$; c) $L=\{(5;\ 12)\}$; d) $L=\{(3;\ 1)\}$;
   e) $L=\{(5;\ 3)\}$; f) $L=\{(7,\ 3;\ 3,\ 7)\}$.